El abecedario de la educación infantil

De la escuela infantil al colegio

El abecedario de la educación infantil

De la escuela infantil al colegio

Susan Bernard

con Cary O. Yager

TRADUCCIÓN
Diana Villanueva Romero para Grupo ROS

REVISIÓN
Grupo ROS

MADRID ● BUENOS AIRES ● CARACAS ● GUATEMALA ● LISBOA
MÉXICO ● NUEVA YORK ● PANAMÁ ● SAN JUAN ● SANTAFÉ DE BOGOTÁ
SANTIAGO ● SAO PAULO ● AUCKLAND ● HAMBURGO ● LONDRES ● MILÁN
MONTREAL ● NUEVA DELHI ● PARÍS ● SAN FRANCISCO ● SIDNEY ● SINGAPUR
ST. LOUIS ● TOKIO ● TORONTO

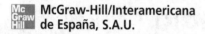
McGraw-Hill/Interamericana de España, S.A.U.

DERECHOS RESERVADOS © 2002, respecto a la primera edición en español, por

McGRAW-HILL/INTERAMERICANA DE ESPAÑA, S.A.U.
Edificio Valrealty, 1ª planta. C/ Basauri, 17
28023 Aravaca (Madrid)
www.mcgraw-hill.es
profesional@mcgraw-hill.com

Traducido de la primera edición en inglés de
THE MOMMY AND DADDY GUIDE TO KINDERGARTEN
ISBN: 0-8092-2547-6

Copyright de la edición original en lengua inglesa © 2001 por Susan Bernard.

ISBN: 84-481-3738-8
Depósito legal: M. 37.764-2002

Editora: Mercedes Rico Grau
Diseño de cubierta: DIMA
Compuesto en Grupo ROS
Impreso en Fareso, S. A.

IMPRESO EN ESPAÑA - PRINTED IN SPAIN

Índice

Agradecimientos

Les agradezco a las siguientes personas su apoyo, su amistad y su profesionalidad:

Cary O. Yager, cuyas habilidades como entrevistadora y editora son sólo comparables con su sentido del humor.

Brenda Koplin, «mi» editora por excelencia, que continúa supervisando mi gramática, proporcionándome apoyo, tolerando mis continuos retrasos y burlándose de mis textos.

Susan Moore-Kruse, directora del equipo editorial de *NTC/Contemporary Publishing Group*, que ha guiado el proceso editorial de mi libro y aunque me haya saltado todos los plazos imaginables, ha demostrado gran paciencia y generosidad.

Susan H. Hartman, que ha conseguido un diseño para el libro fabuloso; Alison Shurtz, editora de *NTC/Contemporary*, quien ha hecho un trabajo concienzudo y preciso; Judith N. McCarthy, editora jefe de *NTC/Contemporary*, quien ha apoyado de manera entusiasta este proyecto.

Como de costumbre, Nancy Crossman, mi agente, que cree incondicionalmente en mi trabajo, sabe tomarse con calma mi humor cambiante, que va de la euforia a la desesperación, y es una representante apasionada de mis libros.

Barbara Wong, una muy querida amiga mía que tiene una enorme experiencia como profesora de educación infantil y como directora, por su apoyo inestimable y por haber contestado a todas mis preguntas.

Sherry Kaufman y Sandra Chon Wang, profesores modelos de educación infantil, que me proporcionaron datos importantes y divertidas anécdotas.

Michelle Bennett, directora extraordinaria de la *Westwood Charter Elementary School*, por su perspicacia y sabiduría.

Arlene Garbus, que tan eficazmente sabe integrar el currículo en la enseñanza de los niños y que fue la profesora de mi hijo Alex. ¡Qué divertido y motivador puede llegar a ser aprender! Ella supo ver cuáles eran sus aptitudes, permitió que su creatividad se desarrollara e inspiró en él una confianza intelectual que, preveo, le durará toda la vida.

Sue Polep, otra superdotada de la creatividad, que enseñó a mi hijo y a sus compañeros a organizar los proyectos de sus clases, cumplir con los plazos previstos y hacer exposiciones cuidadas, convirtiendo el paso a secundaria en algo sencillo.

Introducción

Han pasado más de seis años desde que nuestro hijo Alex empezara a ir al colegio para cursar el segundo ciclo de educación infantil, aunque me parece que fue ayer. A pesar de que mi marido, Bernie, y yo sabíamos que Alex iba a ir a una escuela excelente situada cerca de casa, a mí me asaltaban todo tipo de dudas. Y por mucho que Bernie permaneciese tranquilo y callado, estaba segura de que se sentía como yo.

Desde el momento mismo en que matriculamos a Alex, comencé a obsesionarme. ¿Cómo sería su primer día de clase? ¿Sentiría que lo estaba sacando de la escuela infantil a la fuerza? ¿Padecería la llamada ansiedad de separación? ¿Le gustaría su nueva profesora? ¿Le resultaría interesante lo que hiciese? ¿Haría amigos con facilidad? ¿Se sentiría seguro? ¿Cómo se adaptaría un niño tan inquieto al ambiente más estructurado del colegio?

Como yo trabajaba por entonces tres días de la semana a tiempo completo y la escuela duraba tan sólo tres horas al día, no sabía si las actividades extracurriculares serían una buena solución. ¿Tendría que trabajar menos? ¿Cómo llevaría Alex el cambio al colegio? ¿Cómo le sentaría quedarse allí después de clase con otros niños que no conocía hasta que yo terminara de trabajar?

Bernie y yo y otras parejas amigas nos enfrentábamos a éstas y más cuestiones. Solíamos tener discusiones filosóficas sobre la finalidad de la educación infantil. ¿Qué es lo que se suponía que debían aprender nuestros hijos? ¿Estaban o no preparados para ello? Si nosotros (o sus profesores de la escuela infantil) les habíamos enseñado demasiado antes de tiempo, ¿se aburrirían? Si no les habíamos enseñado lo suficiente, ¿se quedarían por detrás del resto de la clase? ¿O quizás su aprendizaje académico era menos importante que el desarrollo de sus habilidades sociales? Y los profesores, ¿qué valorarían más, que nuestros hijos memorizasen las letras del abecedario, que hiciesen amigos o que se comportasen de manera civilizada en clase? Independientemente de la forma en que fueran evaluados, ¿qué es lo que sus profesores esperaban que aprendiesen?

A pesar de nuestras dudas y preocupaciones, Alex, Bernie y yo sobrevivimos a esta etapa. Durante los años siguientes, mientras iba viendo los progresos de Alex y de sus amigos en primaria, seguí pensando en los años en que cursó educación infantil. Me di cuenta de que algunos de sus compañeros que tenían problemas entonces, ya fueran de tipo académico, de relación o de comportamiento, los seguían teniendo. Los que habían mejorado lo habían hecho gracias a algún tipo de intervención bien a base de clases particulares, sesiones con un logopeda, clases de refuerzo o tutorías. Muchos de los chicos a los que les fue bien desde el principio, continuaron sin tener mayores problemas, aunque hubiese alguna excepción.

Mi creciente curiosidad en la trascendente importancia de la escuela infantil determinó mi interés por investigar para este libro, *El abecedario de la educación infantil. De la escuela infantil al colegio*. Para ello, colaboré con Cary O. Yager (cuyos hijos Oley y Carter irán pronto al colegio), con ella entrevisté a alrededor de setenta expertos, incluidos educadores, psicólogos e investigadores de campos como la lectura, la escritura, las matemáticas, las ciencias y las ciencias sociales. Hablamos con especialistas en expresión plástica y musical, computadoras, desarrollo locomotor y evaluación; con otros que estudian el comportamiento apropiado para cada edad, la enseñanza en casa, la preparación para el paso al colegio, los niños superdotados, los niños con necesidades especiales y multitud de otros temas interesantes. Algunas de las personas que entrevistamos son personajes conocidos por todos, otros, aunque sus nombres pueden no sonarte, son los mejores expertos de su campo.

Introducción

Ellos han querido compartir con nosotros sus conocimientos, su capacidad de observación y sus consejos. Muchas veces me he reído en silencio al comprobar con cuanta facilidad eran capaces de dar respuesta a problemas que años atrás nos habían agobiado a mí y a mis amigos. Continúo recordándome a mí misma una y otra vez lo diferente que hubiera sido todo, si hubiera sabido entonces lo que sé ahora.

He entrevistado también a otros expertos, profesores de educación infantil de todo el país, que son los que de forma más directa influyen en la vida de nuestros hijos al comienzo de su viaje por la enseñanza. Elegí los testimonios de profesores de educación infantil de colegios de todo el país: desde *Central Kindergarten*, con 700 niños en segundo ciclo, en Eden Prairie, Minesota, a *Westwood Charter Elementary School*, con 120 niños, en Los Ángeles, California, pasando por *Harborview Elementary School*, con 30 niños, en Juneau, Alaska.

Lo que aprendí fue que los buenos profesores, no importa donde vivan o trabajen, comparten características similares. Son comprensivos, creativos y entusiastas. Disfrutan con el progreso de nuestros hijos. Les ayudan y nos ayudan a lidiar con nuestros problemas, sean estos la ansiedad de la separación, si su comportamiento es el apropiado para su edad o la pesadilla de las tareas. Nos motivan a ambos, niños y padres, porque saben que unos padres involucrados de verdad en la educación de sus hijos marcan la diferencia entre que un niño aprenda y disfrute en la escuela, o bien que no le dé ninguna importancia.

Hay maestros que lo hacen tan bien a la hora de desarrollar el currículo que cuando les llega la hora a nuestros hijos de aprender ciencias sociales, también aprenden música y danza. Son capaces de relacionar el desarrollo de destrezas en la expresión oral y escrita y de hacer que aprender matemáticas y ciencias sea estimulante, incluso divertido. ¿Cómo puede ser esto posible? Porque jugar no es sólo divertirse, sino como el Dr. Jerome Singer de la Universidad de Yale apunta, «es la base en la que se fundamentan los recursos internos de la imaginación de cada adulto».

Aprendemos que esas cosas que nuestro hijo hace y que nos preocupan tanto corresponden simplemente al comportamiento apropiado para cada edad.

Como Jacqueline Haines del *Gessell Institute of Human Resources Development* dice, el segundo ciclo de la educación infantil es una etapa de «cambios dramáticos». Cuando un niño tiene cinco años puede ser «dócil, colaborador y bien dispuesto», pero, cuando cumple los seis años, es bastante probable que comiencen las luchas de poder.: «Saben de todo y pueden con todo».

Por supuesto, si somos honestos, debemos admitir que a veces nosotros también nos sentimos como si lo supiéramos todo. Sin embargo, hay momentos de inseguridad y de duda. Estos son los sentimientos que quiero reflejar al escribir este libro, no importa que sean propios o que me hayan llegado de otras personas en una situación parecida. Por este motivo, he organizado este libro de tal forma que cada capítulo incluye mis reflexiones seguidas de las entrevistas o del material proporcionado por los expertos. Algunos capítulos incluyen también memorandos de organizaciones estadounidenses especializadas en algunos de los temas a los que me refiero.

Los que ya hemos tenido a nuestros hijos en el colegio, echamos la vista atrás y nos reímos de lo nerviosos que estábamos. Los que vamos a llevarlos por primera vez, sentimos un nudo en la garganta que según nuestros amigos desaparecerá pronto. Y es que hoy en día, existen temas muy controvertidos. El sistema de pruebas o exámenes estandarizados parece ser lo único que cuenta para medir el éxito y esto nos lleva a que nos encontremos con que tanto nuestros hijos como nosotros estamos continuamente estresados. Algunos nos preguntamos si realmente un niño que está en la escuela infantil necesita aprender a leer. Mi hijo Alex no aprendió hasta los siete años. Al reflexionar sobre estos temas, nos preguntamos, ¿deben los niños de esta edad aprender a contar hasta cuarenta, cuando alguno de ellos comenzó a venir a la escuela sin saber contar en absoluto y otros se niegan a contar aunque sepan los números?

¿Es toda esta presión la que nos hace perder el sentido común y llevar a nuestros hijos de cinco años a cursos especiales los sábados de manera que puedan aprender a leer y a escribir antes que el resto de sus compañeros? Pero, ¿qué efecto tiene esto en nuestros hijos? Parafraseando al Dr. Samuel Meisels, una autoridad en temas de evaluación de la Universidad de Michigan, «de repente, nuestro hijo se da cuenta de que no tener buenos resultados conlleva una serie de consecuencias, que no está bien visto hacer preguntas y que su antiguo profesor no está allí para ayudarle».

Nos preguntamos si es necesario que nuestros hijos sufran esta neurosis, la angustia de la escuela infantil. ¿Existe alguna otra manera de enfocarlo? Para algunos de nosotros, la escuela infantil es una etapa maravillosa. Es el momento cuando vemos cómo nuestros «bebés» (aunque tengan 5 ó 6 años) se hacen independientes. Se produce un sentimiento de alegría maravilloso cuando les vemos salir del colegio con una enorme sonrisa y llevando en sus manos su primer cuaderno. Sentimos ganas de llorar cuando nos saludan con el ceño fruncido porque un compañero fue «malo» con ellos o porque algo inesperado les ocurrió, aunque en realidad no tenga la más mínima importancia.

Como padres de un niño que está empezando secundaria, pero que tienen sobrinas, sobrinos y amigos con niños que empezarán a ir pronto al colegio, Bernie y yo recordamos aquellos años de la vida de nuestro hijo como unos de los más emotivos a la vez que emocionantes de nuestra propia existencia.

Con toda la presión que ponemos actualmente sobre nosotros mismos y nuestros hijos, ya sea por intentar tener mejores notas o aprender más rápido, a veces siento que debemos recordar el origen de la educación infantil. Fue Friedrich Froebel, un educador alemán del siglo diecinueve, el que tuvo la idea de crear lo que metafóricamente llamó *kindergarten*, «jardines de infancia», pues en ellos los niños podrían crecer, madurar y, finalmente, florecer.

A medida que nuestros hijos pasan por la experiencia del «jardín de infancia» del siglo veintiuno, quizás debamos pararnos a reflexionar sobre su premisa original. ¿Debería ser un tiempo lleno de estrés y de presiones para ellos y para nosotros? ¿No deberíamos devolverles la infancia a nuestros hijos?

Una vez más, Bernie piensa que me estoy poniendo melodramática. «De acuerdo, entonces dejemos que los niños se sienten en el *jardín*», le digo. «Pero en caso de que quieran más estímulos intelectuales, ¿les haría daño darles algunos libros, algunas canicas para jugar o para que las cuenten, y papel y lápices para escribir o dibujar?».

Asiento con la cabeza riéndome, soy consciente de que hay una razón para que me casara con Bernie y también para que llamase este libro *El abecedario de la educación infantil. De la escuela infantil al colegio.* En definitiva, todo es del color del cristal con el que se mira y a veces nuestros maridos también pueden tener la razón.

Actividades escolares y extraescolares

Cuando nuestra hija empezó a ir al colegio, la inscribimos para que fuera tres días a la semana a las actividades extraescolares. El problema era que a menos que pagásemos un suplemento por clases extras, los niños estaban en el colegio como si estuvieran en una especie de guardería. Este tiempo no les aportaba nada.

Tuan, padre de Erin, 7 años, y Duy, 11.

He hablado con un buen número de personas sobre el tema de las actividades extraescolares en los colegios. Todos ellos coincidían en decir que la mayor parte de los padres no tenían ningún problema por las mañanas ya que, en la mayoría de los casos, el colegio proporciona a los padres un lugar adecuado donde pueden dejar a sus hijos antes de que empiecen las clases.

Una historia diferente son las tardes. El problema principal es el grado de preparación de los encargados de desarrollar estos programas. Me dijeron que en aquellos casos en que están al frente profesores especializados en educación infantil, la calidad es normalmente superior.

En Estados Unidos, generalmente todos los colegios coinciden en tener a los niños de esta edad separados del resto de los alumnos. Para ello se les coloca en clases reservadas e, incluso, si el colegio es lo suficientemente grande y hay un patio aparte para ellos, se les deja jugar allí. La idea es que el tiempo que dure su jornada extraescolar lo pasen en un ambiente lo más apropiado posible.

Las actividades de los niños dependen normalmente de que el colegio imparta o no el programa de educación infantil en jornada completa. Si se trata de un programa de media jornada y las clases terminan alrededor de las doce, los niños se quedan con los educadores durante unas horas hasta que los alumnos mayores llegan. Esto permite que los tutores se puedan concentrar en las necesidades de los niños pequeños y, de hecho, algunos de los programas son una continuación de las clases de educación infantil. Una vez que los niños que cursan primaria llegan, la calidad de las actividades se resiente, ya que no aumenta el personal y el número de alumnos se cuadruplica.

Un amigo, Walt, cuyos hijos han estado en programas de educación infantil desde que nacieron y han asistido a múltiples actividades extraescolares, compartió conmigo las siguientes reflexiones.

> Para Sam (mi hijo), el problema fue que el programa de actividades extraescolares de su escuela infantil era bastante mejor que el del colegio al que empezó a ir. Tanto su anterior escuela como su directora son conocidos en todo el estado. Está vinculado a la universidad en la que trabajo y el personal es estupendo. En su mayor parte son gente que o bien está sacándose un diploma en pedagogía infantil, o estudiantes de licenciatura que trabajan a tiempo parcial y a los que les encantan los niños. El programa está desde luego desarrollado para atender las necesidades de cada edad.
>
> Así que cuando Sam comenzó a asistir al programa del colegio, vimos que había una gran diferencia. Aunque ese programa está bien considerado, no se parecía en nada a lo que mi mujer y yo estábamos acostumbrados. Aún así, el programa de actividades de los colegios para los niños que cursan educación infantil es mejor que el de primaria o secundaria, y muchos de nuestros amigos cuyos hijos asisten a estas actividades están contentos.
>
> La programación suele ser una extensión de lo que aprenden en clase. Hacen trabajos manuales, juegan con bloques y otros materiales apropiados para su edad y, en suma, se lo pasan bien. Una vez que Sam superó su sentimiento inicial de pérdida –echaba de menos a los profesores y el colegio al que había ido desde que era

un recién nacido y encima lo que hacía no era tan estimulante para él– se adaptó muy bien. Una ventaja fue que muchos de sus amigos iban también por las tardes y, además, pudo conocer a niños de otras clases.

Por lo que me cuentan mis amigos, el programa de nuestro colegio es de los mejores. Algunos colegios dependen de otras instituciones que organizan las actividades y no supervisan la calidad de las mismas. Así que imagino que, tal y como están las cosas, deberíamos sentirnos afortunados.

Otro tema importante es lo que se hace en verano. Durante los primeros años, Sam participó en las actividades de verano de su escuela. La mayor parte de sus amigos iban también, con lo cual podía entretenerse jugando. También había algunas actividades divertidas y excursiones que al principio ponían a Betsy muy nerviosa, así que no dejábamos que Sam fuera. Betsy soñaba que Sam se perdía en un parque de atracciones y que nadie se daba cuenta hasta que era el momento de marcharse. Pero después de varias semanas en el programa, Sam nos pidió que le dejásemos ir.

Para calmar algunos de sus temores, Betsy y yo nos tomamos unos días de vacaciones y nos fuimos como voluntarios con Sam y su grupo. Cuando vimos lo responsables que eran los monitores, que todos los niños llevaban una camiseta del campamento con su nombre y que después de cada actividad se aseguraban de que no faltaba nadie, nos sentimos mucho mejor.

Imagino que la pregunta que nos queda por contestar es qué efecto tendrá sobre Sam haber participado desde muy pequeño en este tipo de programas. No creo que haya ningún estudio sobre sus efectos a largo plazo. Lo que sé es que se relaciona bien y que le gusta jugar con otros críos de su edad. Le va bien en el colegio y tiene los problemas de comportamiento de cualquier niño de su edad. Pero de vez en cuando, cuando Betsy o yo vamos a buscar a Sam por la tarde y le vemos cansado antes incluso de que se haya puesto a hacer los deberes, en los que le cuesta concentrarse, nos preguntamos si todo el tiempo que pasa fuera de casa no tendrá un efecto negativo sobre él a largo plazo. Espero que no.

Lauren, madre de David, 7 años, y Marshall, 9

En su primer día de colegio mi hijo David me dijo que se había perdido de camino a una de las clases a las que le había apuntado por la tarde. Me dijo lastimeramente, «Mami, perdí a la profesora». Me entró el pánico. El director me dijo que era culpa de David porque no seguía la fila. Sin pestañear le cambié de colegio.

La elección de las actividades extraescolares

Wendy Schwartz es la editora de *«A Guide to Choosing an After-School Program»*, el documento del que ha sido extraído este artículo. Los derechos de autor han sido cedidos a través de la *ERIC Clearinghouse on Urban Education del Teachers Collage of Columbia University*, Nueva York.

Afortunadamente, hay buenos programas de actividades extraescolares en la mayor parte de las ciudades. Algunos incluso son gratuitos; el coste de otros está basado en los ingresos familiares y también puede haber ayudas o becas. Los colegios pueden organizar las actividades por sí mismos o bien albergar aquellas organizadas por los distritos escolares. La ventaja de tener el programa de actividades escolares en el propio colegio al que asiste tu hijo es que no tiene que desplazarse a otro lugar. Otra ventaja es la disponibilidad de una completa infraestructura, que puede incluir desde una cocina hasta un gimnasio, y buen equipamiento en general, puede haber, por ejemplo, un laboratorio y una sala de informática. Una desventaja es que tus hijos pueden llegar a sentir que tienen una jornada escolar más larga en lugar de verlo como una experiencia diferente e interesante de la que disfrutan por las tardes.

Algunas parroquias y asociaciones juveniles también ofertan estas actividades. Otra posibilidad son las escuelas infantiles aunque tienen programas menos formales. En general, las actividades suelen desarrollarse en la sede de la organización o escuela, o bien en algún local alquilado para tal fin.

Paula, madre de Esteban, 18 años

Sabes, han pasado diez años desde que mi hijo cursó educación infantil y todavía me siento culpable de no haberle metido en alguna de las actividades extraescolares que ofrecía su colegio. Yo era una madre soltera y no tenía suficiente dinero para pagarlas. ¿Qué podía hacer?

Lista de cosas a tener en cuenta a la hora de encontrar un buen programa de actividades extraescolares

1. ¿Los monitores son adultos responsables y cuidadosos que disfrutan con los niños y que están dispuestos a guiarles y apoyarles? ¿Se evalúa su tarea de alguna forma?

2. ¿Se realizan las actividades en un ambiente saludable? ¿Hay espacio suficiente? ¿Están los cuartos de baño en buenas condiciones? ¿El local está decorado de manera agradable, en correspondencia con las actividades que se hacen en él?

3. ¿Se ocupan de darle la merienda a los niños?

4. ¿Tienen buenas instalaciones: biblioteca o equipamiento deportivo?

5. ¿Cómo son las actividades? ¿Parecen entretenidas y enriquecedoras? ¿Están pensadas en relación con las edades de los niños? ¿Son capaces de conseguir que los niños se lo pasen bien a la vez que aprenden?

6. ¿Se corresponden las actividades con lo que el niño quiere aprender y con lo que le gusta?

7. ¿Están las actividades que se realizan en grupo e individualmente coordinadas con lo que los niños hacen en el colegio, de manera que pueden sacar el máximo partido de ellas?

8. ¿Pueden los niños pasar su tiempo de ocio en el colegio por las tardes? ¿Pueden ir en vacaciones? ¿Hay que pagar más por este servicio?

¿Y si tienes que ir a buscar al niño más tarde cuando el programa ya ha acabado?

9. ¿Pueden ir los niños sólo un par de veces por semana en lugar de todos los días para acomodarse al horario de los padres o bien para ahorrar gastos?

10. ¿Cuánto cuestan este tipo de programas? ¿Hay tarifas extras por los viajes, las tutorías y las clases?

La participación de los padres

La participación de los padres en las actividades extraescolares es tan importante como su participación en cualquier otra actividad de la vida del niño. Un centro de calidad, incluso antes de que el niño esté matriculado, requerirá de los padres cierta información relativa a sus preferencias y a las de sus hijos.

Es conveniente mantener el contacto con los monitores y profesores una vez que los niños empiezan a asistir a las actividades para poder estar informados de cómo les va, y para saber si les podemos ayudar a aprender más o a pasárselo mejor.

Desde el momento en que en la mayor parte de los programas están representadas culturas diversas, es conveniente que los padres le comenten a los profesores cuáles son las necesidades de sus hijos, la forma en la que han sido criados y cuáles son sus expectativas. De esta manera pueden evitarse conflictos y se puede ayudar a los educadores a apreciar la diversidad existente en cada clase, puesto que al proporcionar los padres información sobre su cultura y su historia familiar, los educadores tienen más datos para ofrecer al niño una educación multicultural.

Un buen centro también propicia que los padres participen en el desarrollo educativo de sus hijos, al organizar actividades con la familia en horarios convenientes y convocando reuniones con los educadores y profesores para tratar temas relacionados con el oficio de ser padre. La participación de los padres siempre hará más fácil que los niños crean que lo que están haciendo merece la pena.

Len, padre de Greg, 9 años, y Cassie, 13

El programa de nuestro colegio era bueno. El director era un tipo fenomenal y los educadores, especialistas en educación infantil, conocían a cada niño por su nombre.

Amigos

A. J. era muy tímido. Después de un mes en el colegio no parecía que tuviera ningún amigo nuevo. Me preocupaba y por eso hablé con su profesora. Me dio los nombres de los niños con los que jugaba en clase. Conseguí que se vieran fuera de clase y rápidamente tenía tres nuevos amigos.

Linda, madre de Devon, 6 años, y A.J., 9.

Mi hija Devon era algo así como una solitaria en la escuela infantil. Había un par de chicos con los que jugaba en la arena, pero su mejor amiga era Jordan. Eran inseparables y mi hija Devon estaba encantada. La familia de Jordan vivía a una manzana de nosotros y las niñas podían jugar juntas todos los días.

Quizás debía haber previsto algún problema porque Jordan es más extrovertida que Devon y siempre ha tenido más amigos, pero no hubo ninguna complicación porque a Devon le gusta más jugar por su cuenta que a Jordan. Le encantan los legos, mirar los dibujos de los libros, hacer puzzles. También tiene una casa de muñecas enorme y le gusta acompañarme cuando salgo a hacer un poco de deporte.

Durante las primeras semanas del colegio, todo fue bien. Pero después del periodo de transición, Jordan empezó a quedar con otras niñas. El día en que llegó al colegio diciendo que Melanie era su nueva mejor amiga, Devon se disgustó muchísimo. Vino a casa llorando.

Aquella tarde Devon y yo tuvimos una larga conversación sobre la amistad, cómo cambia la gente y cómo eso puede afectar a la relación. Le aseguré que Jordan podía seguir siendo su amiga y que incluso podía volver a ser su mejor amiga. Pero también le dije que ambas podíamos aprender una lección de todo esto; que era tiempo de ampliar horizontes. Devon no estaba convencida de que esto fuera una buena idea, pero le dije que hablaría con su profesor, el señor Randall, que a ella le gustaba muchísimo.

Esa noche, mientras Devon dormía, llamé a la madre de Jordan, Marie, y le conté lo que había pasado. Le sentó mal que Jordan hubiera sido tan hiriente. Marie dijo que hablaría con Jordan sobre la manera de tratar a los amigos, pero coincidimos en no querer forzarlas a estar juntas.

Al día siguiente, por la tarde, conocí al señor Randall y le expliqué la situación. Fue muy comprensivo. Reconoció que Devon era tímida en grupo, que era mucho mejor en relaciones de tú a tú y que tendía a observar durante un rato antes de tomar la iniciativa, aunque conseguía ser la líder en el patio. Yo ya sabía esto desde que iba a la escuela infantil.

Lo novedoso era que el señor Randall me propuso ayudarla a mejorar sus habilidades sociales y enseñarme a contribuir a ello. Discutimos formas de ayudar a Devon a sentirse más cómoda en situaciones de grupo, a ser más participativa y a responder a las invitaciones de sus compañeros. El señor Randall pudo identificar en clase algunas niñas cuyos intereses y personalidades parecían similares a las de Devon. Llamé a las madres y organicé las cosas para que se vieran. No es que Devon encontrase la amiga de su vida, pero al menos se sentía más cómoda en casa. Al tiempo Jordan había vuelto a interesarse en ser su amiga, pero Devon ya desconfiaba de ella.

De cualquier forma, fue un año estupendo para Devon. A ella le encanta construir cosas con bloques y encontró a otra niña, Zoe, a la que también le gustaba, de manera que pronto se hicieron grandes amigas.

Zoe vive a unos veinte minutos de nuestra casa y es la pequeña de cinco niños. Sus padres son gente muy tranquila aunque su casa bulle de actividad. Tienen conejos, gatos, un perro y ratones. Hay una gran estructura para escalar en el jardín y siempre hay más niños por la casa. Ha sido una experiencia estupenda para Devon y la ha hecho madurar en muchos aspectos.

A Zoe también le gusta venir a nuestra casa. Una vez me dijo: «Sabes Larry, me encanta estar aquí. Es tan tranquilo y no tengo que compartir nada con nadie».

Me tuve que morder la lengua para no reírme delante de ella. Yo también he crecido en una familia numerosa y sé lo que se siente.

El arte de hacer amigos

Lilian Katz es la directora del E*RIC Clearinghouse on Elementary and Early Childhood Education* y **profesora emérita en la Universidad de Illinois en Urbana-Champaign.**

Aunque parezca que hacer amigos es una habilidad innata en los niños, lo cierto es que requiere buenas dosis de experiencia con las consiguientes pruebas y errores. La observación de niños que son eficaces a la hora de hacer amigos demuestra que suelen responder de la manera apropiada a sus propias acciones o a las de otros, usando frases del tipo «por favor» o «gracias». También suelen hacer sugerencias positivas como ofrecerse a ayudar o a contribuir en las actividades de otros, usar frases que animan al intercambio de información como «¿sabes que...?» y responden rápidamente con frases del tipo «no me digas». Suelen ser capaces de expresar claramente lo que quieren a los demás y de preguntar abiertamente lo que los otros quieren o desean. También consiguen no llamar la atención y lograr entablar la relación según los intereses o similitudes que comparten con los demás.

Michelle, madre de Leslie, 6 años, Karen, 9, y Harry, 11

Mi hijo mayor y mi hija menor hacen amigos fácilmente. En el colegio, mi hija quería quedar con tantos amigos que tuve que ponerle algunos límites. Yo no soy tan sociable y sentía mi casa invadida de niños.

El papel de los padres

Estudios recientes demuestran que los padres juegan un papel importante a la hora del desarrollo de las habilidades que tengan sus hijos para hacer amigos. Como ocurre con muchos otros aspectos del desarrollo de los niños, tener padres agradables, comprensivos y motivadores a los cuales el niño se siente muy unido es básico para el desarrollo de su destreza social. No es de extrañar que las propias reacciones de los padres hacia sus amigos proporcionen a los niños modelos y pistas sobre lo que supone relacionarse con los demás.

Propiciar oportunidades de relación con otros

Algunas actividades son más convenientes para el desarrollo de las habilidades sociales que otras (un niño tiene más oportunidades de desarrollar sus habilidades sociales en un parque en el que juega con otros niños que en su casa con un montón de juguetes). Las oportunidades para el juego espontáneo, no estructurado, con otros niños bajo la supervisión de un adulto, son esenciales. Muchos niños que tienen dificultades haciendo amigos suelen ser excluidos de las actividades sociales, de forma que tienen menos experiencias y oportunidades para desarrollar, aprender, practicar y refinar las habilidades de las que carecen. Se requieren de siete a ocho años para desarrollar y refinar la amplia gama de habilidades que se requieren para entablar y mantener una amistad. De manera que una buena idea es comenzar proporcionando al niño una buena base de cariño y apoyo a la vez que oportunidades frecuentes para hacer amigos.

Una lección de amistad

Janelle Lucket es profesora de educación infantil en Arcola Elementary School en Arcola, Indiana.

Parte del atractivo de empezar a ir al colegio es la posibilidad de hacer nuevos amigos. Esto a los niños parece resultarles más fácil que a los adultos. Los niños no suelen ser tan críticos con sus compañeros.

En el colegio, enseñamos a los niños a relacionarse desde el primer día. Antes de que los niños entren en clase, intentamos crear un ambiente que estimule que los niños establezcan relaciones de amistad. Para ello, los niños deben sentirse cómodos y seguros.

Parte de mi método para conseguir que los niños se relacionen entre sí es lo que yo llamo «das cinco reglas vitales»:

1. No utilices la crítica.

2. Hazlo lo mejor que puedas.

3. Practica la escucha activa.

4. Sé sincero.

5. Sé alguien digno de confianza.

Durante las actividades en grupo, discutimos estas cinco reglas. Los niños también aprenden mediante actividades de *rol play* en las que se teatralizan diversas situaciones o mediante la interacción con los compañeros. Animo a los niños a seguir esta práctica tanto en casa como en el colegio. Mediante la aplicación de este comportamiento a situaciones de la vida real, los niños comienzan a entender la importancia de la amistad.

Hacer amigos y mantenerlos requiere la habilidad de aprender a resolver problemas a medida que surjan. Los amigos no siempre están de acuerdo. Por eso los niños aprenden un sistema para «depurar» los problemas. Les enseñamos a decir educadamente al otro «por favor, para», a retirarse del conflicto, a ser asertivos y expresar lo que les molesta o a pedir ayuda a un adulto. Mediante el uso de estas técnicas, los niños resuelven los conflictos, ganan en independencia y desarrollan las habilidades necesarias para mantener sus amistades.

Tomiko, madre de Alec, 6 años, y David, 10

Nuestro hijo mayor nunca ha tenido dificultades para hacer amigos, aunque yo diría que nosotros hemos sido una parte fundamental en hacer de él un niño tan sociable. Nuestro hijo pequeño era mucho más solitario. Le gustaba estar por su cuenta, a lo suyo, aunque la profesora pensaba que necesitaba relacionarse más. Me recomendó que intentase que pasara tiempo con algún niño que tuviera intereses parecidos y, sí, ya tiene su mejor amigo.

Aprendizaje

Mi hija fue una alumna estupenda desde el primer día.
Nuestro hijo había tenido problemas desde que iba a la
escuela infantil. Su profesora de segundo de primaria averiguó
por qué. Dijo que aprendía haciendo cosas, no leyendo sobre
ellas. Cambió la forma de darle clase y de repente sintió
por primera vez que era capaz de hacer algo bien.

Jim, padre de Daniel, 7 años, y Cassie, 10.

Anna, madre de tres niños, me relató cómo comenzó a comprender la existencia de diferentes estilos de aprendizaje y la repercusión que esto tuvo en la formación de sus hijos.

Nunca había pensado en la manera de aprender de los niños. Cuando nuestra hija mayor, Emily, estaba en la escuela infantil, mi marido, Franco, y yo pensábamos sólo en términos de enseñar no de aprender. Pensábamos que si la profesora era buena, Emily aprendería.

No fue hasta segundo de primaria cuando nos hablaron de los diferentes estilos de aprendizaje. La profesora de Emily, que era encantadora, nos explicó que los niños aprenden de maneras diferentes y en ambientes distintos. Algunos son visuales, otros táctiles, otros son kinésicos (aprenden haciendo). Algunos prefieren ambientes tranquilos y otros aprenden mejor en grupo. La cuestión es que si eres capaz de reconocer el estilo de aprendizaje del niño, es más sencillo enseñarle en función de aquello que le resulta más fácil. Y por supuesto, también es importante propiciar su exposición a otros profesores y a otras clases de manera que puedan desarrollar su capacidad de adaptación.

Al oírle decir eso, me di cuenta de que cuando iba como voluntaria a la clase, notaba diferencias entre los niños. Entonces no sabía lo que significaban. Ahora que Emily está en cuarto y a veces hace las tareas con sus amigos en casa, las diferencias son obvias. Por ejemplo, sé que Emily aprende visualmente. Si le das libros y ejercicios por escrito, es capaz de aislarse por completo. Su mejor amiga, Kimi, parece aprender por osmosis, aunque sólo el cielo sabe cómo. Tiene una gran imaginación y justo cuando piensas que no ha hecho nada porque parece estar soñando despierta, se sienta y completa la tarea sin dudarlo un momento.

Cuando nuestros gemelos, Dante y Giancarlo, nacieron, Franco y yo nos dimos cuenta inmediatamente de sus diferencias. Dante era tranquilo y era fácil cuidarle. Cuando Giancarlo lloraba, lo que ocurría con frecuencia, se podía oír su llanto dos calles más arriba.

Ya en la escuela infantil, se veía claramente que Giancarlo era de tipo kinésico; es muy físico y necesita estar activo, mientras que Dante aprendía a través de lo que escuchaba. Y aunque los profesores no deberían tener favoritos, la mayor parte de los profesores preferían a Dante porque completaba todas las tareas que le proponían, era muy pulcro y siempre hacía caso de lo que le decían.

Giancarlo es un reto mayor. Se aburre con facilidad y es muy espontáneo a la hora de expresar lo que piensa en alto. Cuando le gusta hacer algo, lo hace muy bien. Cuando no le interesa, no lo hace. Es mucho más difícil de controlar que Dante. Aunque una vez que averiguas cuáles son sus puntos fuertes, te lo puedes llevar a tu terreno si eres capaz de presentarle las cosas de manera diferente. La única profesora de la escuela infantil que supo entenderle le tenía completamente en el bote.

Como los niños acaban de empezar a ir al colegio, todavía es difícil evaluar cómo les va. Franco y yo esperamos que cada profesor sepa apreciarlos en lo que son.

¿Qué deberían aprender los niños a esta edad?

Lilian G. Katz es la directora de *ERIC Clearinghouse on Elementary and Early Childhood Education* y profesora emérita de la Universidad de Illinois en Urbana-Champaign.

La investigación sobre el desarrollo y el aprendizaje social e intelectual es muy rica en lo que concierne al proyecto curricular y a las estrategias pedagógicas en la educación infantil.

Desafortunadamente, la realidad de las prácticas educativas suele ir por detrás de lo que se conoce sobre metodología de la enseñanza y del aprendizaje.

Sandra, madre de Sandy, 8 años

Cuando tienes un hijo único no tienes con quien compararle. Nuestro hijo al principio era un poquito lento y yo podía llegar a tener hasta una entrevista semanal con su profesor. A mitad de curso cambió, empezó a estar más cómodo y comenzó a irle bien.

La naturaleza del desarrollo

El concepto de desarrollo incluye dos dimensiones: la dimensión normativa, relativa a las capacidades y limitaciones de la mayoría de niños a una edad determinada, y la dimensión dinámica, relativa a los cambios que ocurren en el niño a medida que éste crece.

Mientras que la dimensión normativa indica lo que los niños pueden y no pueden hacer a una determinada edad, la dinámica cuestiona lo que los niños deben y no deben hacer en un momento determinado de su desarrollo en función de las posibles consecuencias a largo plazo.

En muchas escuelas infantiles, los niños se dedican a completar sus cuadernos de ejercicios, a aprender a leer con tarjetas donde aparecen las letras o a recitar los números de memoria. Pero, el solo hecho de que los niños puedan hacer cosas en un sentido normativo no es justificación suficiente para pedirles que lo hagan. Los niños normalmente hacen con gusto todo aquello que les piden los adultos, pero su buena disposición no es un indicador fiable del valor de lo que hacen. La pregunta que hay que formularse no es: «¿Qué pueden hacer los niños?», sino: «¿Qué es lo que los niños deben hacer de cara a que les sirva para su aprendizaje y desarrollo futuro?».

Aprender mediante la interacción

Estudios actuales confirman que el aprendizaje más significativo del niño tiene lugar a través de la interacción con objetos o personas, y no en actividades pasivas o en las que son meros receptores. Los niños deberían interaccionar con los adultos, con objetos y con el medio que les rodea para llegar a comprender su propia experiencia y el entorno en el que viven. Deberían investigar y observar aquellos aspectos de su entorno sobre los que merece la pena aprender, así como registrar sus hallazgos y observaciones a través del habla o de sus dibujos. La interacción con el medio que surge a través de este tipo de actividades proporciona el contexto para el aprendizaje cognitivo y social.

Cuatro tipos de aprendizaje

Los cuatro tipos de aprendizaje señalados a continuación son especialmente importantes en la educación del niño:

- **Conocimiento**. En la infancia, el conocimiento consiste en los hechos, los conceptos, las ideas, el vocabulario y las narraciones. El niño adquiere conocimiento a través de las respuestas que recibe a sus preguntas, de las explicaciones, de las descripciones de hechos, así como a través de su propia observación.

- **Habilidades**. Las habilidades son pequeñas unidades de acción que ocurren en un periodo de tiempo relativamente corto y que pueden ser fácilmente observadas y explicadas. Algunas de las habilidades que el niño desarrollará a lo largo de esta etapa son las físicas, sociales, verbales, numéricas y artísticas. Las habilidades o destrezas pueden aprenderse a través de la instrucción directa y ser perfeccionadas con la práctica y la repetición.

- **Predisposición**. El término predisposición hace referencia a un hábito de la mente o a la tendencia a responder a determinadas situaciones de manera determinada. La curiosidad, la simpatía o antipatía, el ser más o menos dominante o creativo tienen más que ver con la predisposición personal que con las habilidades o los conocimientos. Existe una diferencia significativa entre la habilidad para escribir y la predisposición o inclinación para ser un escritor.

La predisposición de cara a una acción o comportamiento determinado no se aprende a través de la instrucción o la práctica. Las predisposiciones que el niño necesita adquirir y fortalecer −curiosidad, creatividad, cooperación y simpatía− se aprenden principalmente gracias a estar con personas que las ejercen o actúan de acuerdo con ellas. Es una pena que los adultos no demuestren delante de los niños algunas inclinaciones como ser curioso, que pueden resultar un gran ejemplo.

Un niño que está aprendiendo a comportarse de acuerdo con una determinada predisposición debe tener la oportunidad de comportarse de una manera que sea acorde con ella. Si eso es así, el comportamiento encuentra respuesta y es reforzado.

Los profesores pueden reforzar ciertas predisposiciones a través de centrarse no tanto en la calidad del resultado como en lograr que los alumnos aprendan algo nuevo. Un profesor que dice «vamos a ver todo lo que podemos aprender», en lugar de «quiero ver lo bien que lo podéis hacer», motiva a los niños a centrarse en lo que están aprendiendo en lugar de en lo que hacen.

- **Sentimientos.** Son estados emocionales o de ánimo subjetivos, muchos de los cuales son innatos. Entre aquellos que son aprendidos figuran los sentimientos de competencia, pertenencia y seguridad. Los sentimientos sobre el colegio, los profesores, lo que se aprende y otros niños, se adquieren también en los primeros años.

> **Linda, madre de Stacy, 6 años, Nicole, 8, y Taylor, 12**
>
> La habilidad de aprendizaje de nuestros hijos dependía en parte de la habilidad de su profesor para enseñar.

La variedad metodológica en la enseñanza

Es razonable asumir que cuando un único método de enseñanza se usa con grupos de niños distintos, una proporción bastante alta de esos niños fracasará. Con los niños hay que utilizar una gran variedad de formas de enseñar, ya que cuanto más pequeño sea el niño menos probable es que se relacione en la manera estándar con lo que le rodea y es más probable que su inclinación a aprender esté influida por sus experiencias primeras que son totalmente personales y únicas.

Por razones de tipo práctico, existen limitaciones a la variedad de métodos de enseñanza que se pueden poner en práctica. De todas formas, no debe caerse en el extremo de los que defienden una enseñanza a base de cuadernos de ejercicios porque, según ellos, permite una enseñanza más individualizada, ya que este sistema no individualiza el aprendizaje sino que lo convierte en una tarea rutinaria.

En cuanto al entorno en el que se realiza el aprendizaje, cuanto más pequeños sean los niños más informal debe ser. Los entornos informales potencian el juego espontáneo, en el cual los niños participan en actividades recreativas que les resultan más interesantes. Estas actividades incluyen proyectos en grupo, investigaciones, construcciones y dramatizaciones.

El juego espontáneo no es una alternativa al aprendizaje académico. Los datos sobre el aprendizaje de los niños sugieren que la experiencia de la escuela infantil requiere una aproximación orientada a que los niños interaccionen en grupos pequeños a medida que trabajan juntos en un proyecto que les permite comprender su experiencia. Estos proyectos deberían motivar la disposición de observar, experimentar, preguntar y examinar todos los aspectos que merecen la pena en su entorno.

Enseñar y aprender

Arlene Garbus ha trabajado en *Westwood Charter Elementary School* en Los Ángeles, California, durante más de treinta años.

Cuando comencé a enseñar, estaba segura de que si presentaba un currículo bien desarrollado e interesante mis alumnos aprenderían. La mayoría de ellos lo hacían. Sin embargo, a medida que gané en experiencia comencé a entender que enseñar es sólo un componente más de la ecuación, el otro es aprender.

Mucho antes de que los expertos en metodología establecieran las diferentes formas en las que los niños aprenden, los que enseñaban día tras día ya se habían dado cuenta de ello. Fuéramos o no capaces de definir y articular estos estilos de aprendizaje, ya los conocíamos porque los habíamos aprendido de nuestros alumnos.

A medida que observaba a mis alumnos en clase desarrollar destrezas, aprender conceptos y, aunque fuera en un nivel muy básico, comenzar a entender las conexiones e interrelaciones entre los conceptos, podía ver cómo procesaban la información de formas diferentes. No importa lo que intentase enseñarles, cada niño lo asimilaba de manera diferente.

Por ejemplo, si estaba dando una clase de ciencias sobre el clima, sabía que Darren miraría las letras (aunque no supiera leer), los dibujos o la pantalla del ordenador. Maya vendría de fuera, miraría al cielo, entraría y se pondría a bailar.

A lo largo de todos estos años, recuerdo una niña llamada Rebecca que era muy callada y, en cierto modo, un enigma para mí. Un día lluvioso, estaba sola en una esquina y recitaba un poema titulado *The Rain* (*La Lluvia*) del libro de Jack Prelutsky *Read-Aloud Rimes for the Very Young*. Le pregunté si lo recitaría otra vez delante de la clase. Lo pensó un momento y, para mi sorpresa, dijo que sí. Pedí a todos los demás niños que parasen lo que estaban haciendo y que escucharan a Rebecca. La niña permaneció en la esquina mirando a la clase y en voz baja pero firme comenzó a recitar el poema. Los niños aplaudieron y la sonrisa de Rebecca me hizo llorar.

El reto de descubrir la manera en que los niños aprenden mejor y qué es lo que les permite desarrollar su individualidad es lo que hace de ésta una profesión con tantas satisfacciones.

Lorraine, madre de Maggie, 6 años

¿Qué puedo decir? El centro escolar de mi hija convertía el aprendizaje en una aventura tan maravillosa que el día que mi hija no podía ir al colegio se echaba a llorar.

Aula

En el primer año de colegio de mi hijo, yo no sabía que la organización del aula fuera algo tan pensado. Cuando una amiga me preguntó: «¿A que los colegios son estupendos?». Le dije: «¿A qué te refieres?». Dios mío, me sentí como una estúpida.

Robin, madre de Patrick, 8 años.

—Yo estaba un poco obsesionada con la estética de las clases —me dijo Jill, una atractiva madre de unos treinta años de edad.

—¿Un poco obsesionada sólo? —dijo su marido Seth riéndose—. ¿Cómo calificarías a una mujer que visita cuatro colegios diferentes y vuelve a casa con dibujos de ocho aulas?

Sonreí pero dejé que siguieran con su pequeña discusión.

—Es cierto, admito que era un poco exagerado, pero es que estudié arquitectura.

—Cuando visitamos el colegio de nuestro hijo —dice Seth—, nos dimos cuenta de que, aunque el edificio por fuera no decía nada, las clases eran muy alegres. Hay dibujos de los niños en las paredes. Tienen tres computadoras por clase y, en una de ellas, tienen hasta animales: serpientes, ratones y peces.

—No estaba mal, pero a mí me interesaba también el espacio que había para cada niño, la ergonomía de las mesas y de las sillas, la calidad de la luz, la sensación de amplitud, los colores, la ventilación, la higiene y limpieza de los baños, cómo estaba equipado el patio, columpios, toboganes.

Apenas sin aliento, Jill sigue hablando:

–Quería un ambiente que invitara a la creatividad, la experimentación y la curiosidad. Aunque tampoco quería que estuviera atestado o que hiperexcitara a los niños.

–¿Quieres oír lo mejor? –me preguntó Seth.

Asentí. Jill movió la cabeza y se sonrió.

–Después de tanta preocupación, cuando nuestro hijo llegó a casa tras su primer día de colegio y Jill le preguntó por cómo le había ido en clase, le respondió: «Mi profesora es muy simpática. Tomé un hámster en mis manos. Nuestra clase es un camión frigorífico».

–¿Cómo? le pregunté, pensando que no le había entendido bien –dijo Jill–. «Un gran camión frigorífico», me dijo lentamente.

Seth se parte de la risa. Yo estoy totalmente confundida y no tengo ni idea de qué están hablando hasta que Jill me lo explica:

–Lo que Spencer quería decir era que su clase era un bungaló. Durante el verano, antes de que empezase el colegio, añadieron bungaloes para poder cumplir con el requisito, que había por entonces en California, que exigía que las clases fueran de tamaño reducido.

–Afortunadamente esto tuvo consecuencias positivas –añade Seth–. En el edificio principal hace calor desde primavera hasta otoño, y estos bungaloes tienen aire acondicionado. Por eso Spencer pensó que estaba en un camión frigorífico.

Jill mueve la cabeza y sonríe.

–Aquella noche mis padres llamaron desde Nueva York para preguntarle a Spencer por su primer día de colegio y él muy orgulloso les contó que su clase era un camión frigorífico. Mi madre se rió y mi padre dijo: «Eso sólo ocurre en Los Ángeles».

La importancia del entorno

Barbara Thompson, *Ph.D.*, **trabaja como profesora asociada y es la coordinadora del área de Educación Infantil del departamento de Educación Especial de la Universidad de Kansas.**

La clase debería ser un espacio diseñado específicamente para las necesidades de los niños de esta edad.

El aspecto del aula tiene un impacto muy importante sobre el aprendizaje. Los niños se sienten bien cuando su clase les resulta estéticamente agradable. Si la decoración del aula gira en torno a ellos porque está realizada a base de los materiales que utilizan como láminas, dibujos o manualidades, es más fácil que tengan la sensación de que son importantes, su autoestima será mayor.

Además, a los niños les gustan más las clases que responden a un cierto orden.

El tipo de actividades que los niños llevan a cabo depende mucho de las características del aula de la que disponen; de detalles como si se pueden sentar en el suelo o si pueden hacer dinámicas en grupos pequeños y también grandes.

Yo también me fijo en que las aulas cumplan ciertos requisitos de seguridad. Por ejemplo, que los enchufes estén tapados, que todos los objetos que se manejan en clase sean seguros, que se les enseñe a los niños a utilizar algunos de ellos, como las tijeras, que pueden entrañar algún peligro, y también que se les haya enseñado a responder en caso de emergencia (un fuego, por ejemplo).

Otro tema importante en las clases son los materiales que se emplean para aprender. Yo me centraría en cuestiones tales como si están bien elegidos, si son apropiados para la enseñanza de niños de corta edad y si están en buenas condiciones.

Los rotuladores o los lápices rotos y las piezas de los puzzles que se guardan descuidadamente en un contenedor no son en absoluto una buena señal.

Personalmente, prefiero ambientes donde se permite al niño tomar decisiones y participar de manera activa en su propia experiencia educativa. Si el profesor dirige todas las actividades y les pide a los alumnos que hagan todo a la vez, ¿qué tipo de enseñanza están recibiendo? Visto a largo plazo, ¿de qué manera afectará este tipo de enseñanza a la capacidad de tomar decisiones del niño?

March, madre de Simon, 6 años

A veces me siento como si viniera de otro planeta. En esta etapa todo, desde la educación física hasta la decoración del aula o la música, responde a algún propósito educativo.

Organización de las aulas de educación infantil

Jenna Thorsland trabajó como profesora de educación infantil durante tres años en el colegio *Reynolds Upper School* de Upper Saddle River, New Jersey y ahora es profesora de primaria en el colegio *Siomac School* de Wyckoff, New Jersey.

El taller de escritura

El taller de escritura debería estar provisto de toda clase de materiales atractivos que invitasen a ponerse a escribir. Los niños pueden elegir ellos mismos un tema sobre el que escribir o bien el profesor puede asignarles un tema relacionado posiblemente con la unidad que estén aprendiendo. A la hora de ponerse a trabajar, los niños van diciendo las palabras que les gustaría escribir y pueden usar un diccionario ilustrado o un cuaderno de vocabulario preparado a tal efecto. También se les puede ir enseñando a escribir para una audiencia si al final de la clase el profesor elige a algún alumno para que lea lo que ha escrito.

El taller de lectura

En el taller de lectura los niños pueden leer un libro por su cuenta o con un amigo. Pueden elegir libros que les interesen o releer sus favoritos. La lectura en compañía de un amigo fomenta el desarrollo de las capacidades sociales. Cuando los niños leen juntos o miran las ilustraciones de un libro, lo que hacen con frecuencia es discutir sobre él y lo que ven. El taller de lectura también suele tener un cesto con poemas para que los niños los lean. La rima y lo predecible de muchos poemas ayuda a la formación de una cierta sensibilidad fonética.

Los juegos

Los niños pueden aprender toda clase de conceptos a través de los juegos. Todo depende de los conceptos sobre los que los profesores prefieran que los niños practiquen. Por ejemplo, hay juegos de lectura y de matemáticas. En algunos pueden hacer casar letras mayúsculas con sus correspondientes minúsculas, ordenar números, hacer ejercicios de escritura o sumas. Al ocupar a los niños trabajando individualmente en estos juegos, el profesor tiene mayores oportunidades para motivar a los alumnos que van más avanzados y permitir que los que no tienen algún concepto claro lo refuercen. El área de juegos también puede incluir juegos comerciales como *Candy Land, Don't Break the Ice*, u otros que motiven la interacción entre los alumnos o bien legos que les ayudan a desarrollar habilidades motrices y sociales.

Bill, padre de Ria, 5 años

Estoy asombrado con la forma en la que el ambiente de la clase refuerza el aprendizaje de los niños.

El taller de teatro

El taller de teatro permite a los alumnos realizar juegos en los que representan distintos papeles, solucionar problemas, colaborar con otros niños y potenciar sus habilidades sociales. El aula puede estar dispuesta como si fuera una casa, o puede cambiar a lo largo del año dependiendo de lo que la clase esté aprendiendo. Por ejemplo, en febrero, durante el mes dedicado a la salud dental, el aula se puede transformar en una clínica dental. Cambiar la decoración del aula eleva la motivación de los alumnos y les permite probarse a sí mismos en otras situaciones. Además, también ayuda a que niños que son más retraídos se atrevan a participar.

El taller de ciencias

En el taller de ciencias el niño puede explorar y manipular gran variedad de objetos como conchas, semillas y minerales. Mediante una lupa pueden observar de cerca los objetos y describir lo que ven. En función del tipo de material, los niños son capaces de predecir qué le ocurrirá con el paso del tiempo. Por ejemplo, pueden llegar a adivinar qué le ocurrirá a una manzana si se deja fuera durante una semana. Se puede también hacer que el niño traiga objetos relacionados con lo que está aprendiendo, como hojas si se está hablando de las plantas o plumas si lo que se está estudiando son los pájaros. Y por supuesto, siempre pueden leer o mirar las ilustraciones y las fotografías de los libros de ciencias.

El taller de construcción

En el taller de construcción los niños experimentan con distintas estructuras. Pueden trabajar juntos o por separado para hacer construcciones elevadas en las que tendrán que poner a prueba su sentido del equilibrio para que la estructura no se caiga. Normalmente los niños disfrutan trabajando juntos porque pueden hacer construcciones más altas y mayores con la ayuda de los demás. Y, por supuesto, el trabajo en grupo desarrolla también sus habilidades sociales.

Las computadoras

Muchas clases están equipadas ya con computadoras que contribuyen a la mejora de la educación infantil. Hay muchas aplicaciones informáticas de contenido educativo que pueden ayudar a los niños en muchas áreas académicas. Como siempre, los niños pueden elegir trabajar individualmente o en grupo en esta actividad.

Bill, padre de Ria, 5 años

A esta edad, mi hijastro siempre trabajaba con el resto de la clase. Hoy en día las aulas permiten que se formen grupos grandes y pequeños, que los niños trabajen individualmente y que haya talleres sobre áreas de conocimiento específico. Creo que esto contribuye a crear un ambiente mucho más saludable.

Boletín escolar

No entiendo el propósito de los boletines escolares en la educación infantil. Las entrevistas con los padres y los informes tienen mucho más valor.

Nathan, padre de Mathew, 7 años y Jeffrey, 10.

Nat me habló de sus dificultades para comprender el boletín escolar de su hijo.

A partir de que Joey empezó a ir al colegio, los boletines se hicieron indescifrables. Había siete categorías. Las habilidades de comunicación se dividían a su vez en tres subapartados: lenguaje oral, lenguaje escrito y lectura.

Las otras categorías se dividían en matemáticas, ciencias, estudios sociales, expresión plástica, educación física y hábitos de estudio y desarrollo social.

Debajo de cada título y subtítulo había apartados en los que se explicaban las variables específicas por las cuales sería evaluado Joey. Por ejemplo, en matemáticas se evaluaría si entendía determinados conceptos matemáticos y si era capaz de aplicarlos. En expresión oral se intentaría determinar si su vocabulario había aumentado y si usaba correctamente las formas gramaticales en la expresión de su pensamiento. También se vería si ponía en práctica su capacidad crítica al leer y si aplicaba lo aprendido a nuevas situaciones que tenían que ver con el conocimiento del medio social.

¿En cuanto a sus hábitos de trabajo y su desarrollo social? Personalmente no tenía ni idea de cómo los evaluaría su profesora si intentaba hacerlo lo mejor posible y cumplía con el estándar. Era probablemente más sencillo evaluar si escuchaba con atención, si seguía las instrucciones que se le daban y si trabajaba bien con los demás.

Debo admitir que la valoración que hago de mi propio trabajo no es ni mucho menos tan rigurosa. En total había 37 categorías. Haciendo un cálculo rápido llegué a la conclusión que si su profesora evaluaba a 32 niños en 37 categorías, tenía que determinar 1.184 notas por cada semestre. No podía imaginarme cómo podía hacer una evaluación a cada niño al trabajar con un total de 2.368 calificaciones.

Lo que me dejó más confuso fue que los niños no eran evaluados según una escala que fuera del sobresaliente al suficiente o del cero al diez, como lo éramos nosotros de pequeños, sino que las calificaciones eran del tipo «casi siempre», «a veces», «no siempre».

De todas formas, al llegar a casa después del colegio, mirábamos juntos su boletín y decía con orgullo:

—Papá, tengo 35 sobresalientes y 2 notables. David —un amigo suyo de tercero— me lo ha dicho.

—Eso es estupendo —le contesté.

—¿Sabes por qué conseguí los notables? —me preguntó.

—No.

—Porque durante la clase de música, moví los labios pero no canté y le pegué a Daytwon.

—¿Por qué le pegaste a Daytown? —le pregunté sorprendido, ya que Daytwon es su mejor amigo.

—Porque no escucha lo que le digo. La profesora dice que usemos las palabras para hacernos entender pero él no me escucha, por eso le pegué.

Aunque sabía que más tarde tendría que tener una de esas discusiones entre padre e hijo sobre cómo controlar nuestra impaciencia y frustración de una manera socialmente aceptable, intenté no sonreír. Realmente pensaba que su solución podía ser de alguna utilidad en mi trabajo. Primero hablas y luego golpeas.

—Daytwon consiguió también un notable porque me pega cuando no le escucho.

—Oh —le dije divertido–, eso me parece bastante justo, un poco de *quid pro quo* es una buena solución.

Más tarde, después de que Joey se hubiera ido a la cama, miré su boletín de nuevo. Lo que más me gustó fueron los comentarios de la profesora. Había escrito: «Joey es un aprendiz entusiasta y reflexivo con una gran capacidad para la introspección lo cual enriquece mucho los debates de la clase».

Esta vez si que no pude contener la risa.

Cybil, madre de Bruce, 5 años, y Sabrina, 7

Lo que me desconcierta es que el boletín escolar que recibí no reflejaba en absoluto la información que me dio la profesora cuando la visité. No sé a qué se debe esto. Quizás la profesora sintiera que podía ser más honesta al hablar directamente conmigo y no quisiera herir los sentimientos de mi hija al entregarle un boletín con malos resultados.

Determinar las habilidades del niño

Stuart Reifel, *Ed.D.*, es profesor de Currículo e instrucción en la Universidad de Texas en Austin, en la cual enseña dentro del programa de educación infantil.

¿Qué importancia tiene la evaluación en esta etapa?

La evaluación es importante porque nos informa del progreso del niño y también de las posibles dificultades que puede haber en su desarrollo. Si el niño tiene problemas a la hora de hacer amigos o de atender cuando se le lee un cuento, esto puede interpretarse como una indicación de que se le debe observar de cerca y evaluar su evolución; puede ser que el niño necesite ayuda para aprender a relacionarse con los demás o bien que tenga un problema auditivo.

La evaluación debería ayudarnos a ahondar en las necesidades particulares del niño y en sus potencialidades, y siempre deberían existir múltiples formas de hacerlo. La decisión que se tome sobre un niño nunca debe estar basada en un único criterio.

¿Qué propósito tienen los boletines escolares?

Hay muchos tipos de boletines escolares, algunos hasta califican las tareas académicas como si se tratara de un curso superior, aunque todavía el niño está en educación infantil.

Otros describen lo bien o mal que el niño realiza ciertas tareas como, por ejemplo, identificar letras, nombrar los colores o seguir las instrucciones que se le dan. Otros informes pueden ser de estilo narrativo y describir lo que se le da mejor al niño, aquello en lo que tiene dificultades, así como sus progresos. Creo que el boletín escolar no tiene por qué darles demasiada información a los padres, sólo debe servir como base de un debate más extenso con el profesor sobre los progresos del niño en el colegio.

¿Por qué son los boletines escolares tan confusos?

Tanto los profesionales de la educación como los que no lo son tienen diferentes ideas sobre el propósito que los boletines escolares deberían tener y qué debería incluirse en ellos. Un boletín escolar complejo puede reflejar las opiniones del profesor de tal manera que los padres que no son profesionales de la educación no lleguen a entenderlo. Los niños son bastante complejos (¿acaso no lo somos todos?) y se merecen una evaluación concienzuda. Los boletines pueden no ser el mejor método para comunicar una evaluación de estas características.

¿Cuál es el mejor método de evaluación?

Los niños a esta edad varían mucho en su nivel de desarrollo y en sus habilidades. La mejor forma de evaluar a cada niño es hacerlo en términos de su propio progreso en relación con una serie de parámetros de desarrollo y aprendizaje.

Piensa en las siguientes cuestiones: ¿Qué progresos está haciendo el niño en términos de desarrollo social? ¿Qué progresos está haciendo en cuanto al uso de símbolos y expresiones? ¿Qué progreso ha hecho en términos de las relaciones que establece cuando juega con otros niños? ¿Y en cuanto a su capacidad para identificar las actividades que le gustan y desarrollar sus propios intereses en cosas como leer un libro, escribir una historia, dibujar, construir o jugar?

¿Qué es una evaluación por carpetas?

Hay distintas modalidades de la evaluación por carpetas, pero todas ellas coinciden en la creencia de que la mejor manera de demostrar la evolución del niño es a través de una serie de materiales que el niño ha creado en clase. Las carpetas pueden incluir historias que el niño ha escrito, dibujos que ha hecho, el informe del niño sobre uno de sus proyectos de carácter científico o bien cualquier otro objeto que sea el resultado de las actividades del niño.

¿Existen otro tipo de evaluaciones?

Hay muchas otras formas de evaluación. Posiblemente estemos más familiarizados con las de tipo test, ya sea por escrito o bien a través de ciertas pruebas o las que se realizan en función de algún criterio. Si se piensa en la manera en la que los niños se desarrollan, los tests no son el mejor indicador de lo que el niño puede hacer. Otras maneras de evaluar, incluida la observación de los niños por parte del profesor cuando están llevando a cabo una actividad, pueden aportar más información sobre el niño.

Zack, padre de Nick, 8 años

Deberían calificar a los niños siguiendo la fórmula tradicional de sobresaliente, notable, etc., o no incluir ningún tipo de calificación.

Informar sobre el progreso

Dough Shrivers es profesor de educación infantil en la *Hall Elementary School* de Gresham, Oregon.

Si un boletín está diseñado correctamente, las diferentes categorías en las que está organizado deberían permitir a los padres participar efectivamente en la educación de sus hijos. Por ejemplo, el boletín que yo uso tiene dos categorías que tienen que ver con las letras: el reconocimiento de las letras y la asociación de las mismas con los sonidos. Aunque estas dos categorías dan una idea general de si el niño está aprendiendo los nombres de las letras y sus sonidos correspondientes, los padres no pueden saber cuántas letras sabe su hijo y cuáles son aquellas con las que deberían ayudarle en casa. Para corregir esto, añado una hoja al boletín en la que especifico con una cruz en su correspondiente casilla las letras y los sonidos que el niño sabe.

Además, añado una categoría para especificar si el niño utiliza las letras para componer palabras con ellas. Con esta información, los padres pueden inventarse pequeños juegos que les permitirán trabajar sobre los conceptos. Por ejemplo, si el sonido *b* es uno de los que no iban incluidos en la hoja, el niño puede encontrar por la casa objetos que lleven en su nombre este sonido. Otra categoría dentro del boletín es «identificar los colores básicos». ¿Qué significa esto exactamente? Si la casilla está marcada, los padres sabrán que su hijo es capaz de identificar aquellos colores que se consideran básicos. Sin embargo, si la casilla no tiene puesta una cruz, el niño debe tener problemas a la hora de reconocer un color (como, por ejemplo, el gris) o todos los colores. Para aclarar las cosas he añadido una casilla por cada uno de los once colores que considero básicos. De esa manera, los padres saben el color sobre el que el niño necesita trabajar. Y al igual que con las letras, los padres pueden inventarse juegos divertidos con los que reforzar el aprendizaje del nombre de los colores. Si el naranja es el color problemático, tu hijo y tú podéis dibujar una naranja. También podéis mirar revistas y recortar todo lo que veáis de color naranja para pegarlo en forma de collage. Como puedes ver, si un boletín se hace de la forma correcta, los padres se convierten en el ayudante perfecto del profesor a la hora de lograr que el niño aprenda.

Sin embargo, algo con lo que hay que tener cuidado es con la obsesión de algunos colegios por darle cada vez más importancia a los contenidos académicos en este nivel, lo cual es un producto de la tendencia actual de poder evaluar todos los contenidos de manera estándar, sea cual sea la edad del alumno. Antes de matricular a tu hijo, pide que te enseñen el boletín escolar que utilizan. Si está lleno de categorías del tipo «colorea dentro de las líneas», «completa las hojas de ejercicios a tiempo», «lee los libros sin cometer errores» y «deletrea correctamente», deberías observar la clase (ésta es siempre una buena práctica). El colegio como tránsito a otra etapa educativa debería ser un lugar divertido en el que los niños pudieran aprender a través de la experimentación con ideas nuevas e interactuando con sus compañeros. No debería ser un lugar en el que el niño pasase demasiado tiempo sentado en su sitio, haciendo ejercicios o tareas. Para muchos niños, el segundo ciclo de educación infantil es su primera experiencia en el colegio y debería ser una introducción positiva y alegre al mundo de la educación.

Miles, padre de Charlotte, 8 años, y Brian, 10

Lo más curioso es que se supone que los alumnos no deben enseñar sus boletines a los demás, pero lo hacen, incluso en esta etapa.

Ciencias

Me alegra que se enseñen ciencias en el colegio cuando los niños todavía están en el segundo ciclo de educación infantil. Con la cantidad de computadoras y de vídeos que hay hoy en el mundo, creo que es fundamental para los niños pasar tiempo al aire libre.

Naomi, madre de Jacob, 5 años, y Nora, 8.

Cuando a Alex le dieron su primera nota en ciencias, le pregunté a Bernie si sabía que Alex tuviera esta asignatura:

–Cariño, por supuesto –me respondió Bernie–. Él sabe que las ciencias y las matemáticas no son mi fuerte.

–¿Qué quieres decir con *por supuesto*? –le pregunté–. No le veo trabajando con productos químicos sobre un quemador bunsen, diseccionando una rana o memorizando las partes del cuerpo.

–Susan, sólo está en educación infantil, ni siquiera ha llegado a la primaria –me dijo Bernie algo exasperado.

–Sólo estoy bromeando –le contesté–. Ya sé que no le van a dejar jugar con fuego. Tampoco se le permite usar un cuchillo. Imagino que tendrá que aprender a leer antes que a memorizar los huesos y los músculos. Pero, hablando en serio, ¿qué le enseñan a esta edad en la clase de ciencias?

Rápidamente contestó:

–El tiempo.

–¿A qué te refieres? ¿Acaso el profesor les pregunta qué tiempo hace hoy y los niños responden «bueno» o «muy bueno» dependiendo del día? Para colmo, estamos en Los Ángeles y aquí no hay mucha variedad –le dije.

–¿Sabías que en otros estados la gente disfruta del privilegio de las estaciones? –me dijo sin dudarlo.

–Por supuesto, estaba bromeando.

–¿Qué pasa con las plantas? –me preguntó.

–¿Qué pasa con ellas? –respondí–. Alex puso una semilla de aguacate con palillos sobresaliendo de un bote con agua y le están creciendo raíces. Cuando sea un árbol ya crecido, probablemente ya habremos muerto. Así que, ¿qué sentido tiene esto?.

Bernie se rió, calló un segundo y me preguntó con gesto serio:

–¿Necesito explicarte que cuando Alex y el resto de sus compañeros aprenden a identificar las raíces, los tallos, las hojas y las flores, están aprendiendo ciencias? El darse cuenta de que nuestro cuerpo necesita agua, frutas, verduras, frutos secos, legumbres y otros elementos orgánicos que nos proporciona la tierra también es ciencia.

–Creo que estás sobrestimando la comprensión que los niños tienen de estos conceptos –le respondí–. Vamos a preguntarles a Alex y a Roger. Ellos están en la misma clase.

Llamamos a los niños para que vinieran al cuarto de estar.

–Tengo algunas preguntas que haceros. Pensad en ellas como si se tratara de un juego de adivinanzas.

–Vale –respondieron entusiasmados.

–¿De dónde salen las manzanas?

–¡Oh, mamá! –dijo Alex avergonzado–. Del manzano.

–Buena respuesta. ¿Y el maíz?

–De la planta del mismo nombre –gritó Roger entusiasmado–. Mi abuelo tiene una granja y cultiva maíz.

Miré a Bernie que estaba riéndose al ver que se demostraba que tenía razón.

–Última pregunta, chicos –dije, sacando mi última carta de la manga–. Y ¿qué pasa con las patatas fritas?

Bernie me miró como si estuviera haciendo trampa.

Los niños se miraron el uno al otro. Roger le dijo a Alex algo en el oído. Él asintió y ambos chillaron:

–¡De McDonald's!

Hice el signo de la victoria mirando a Bernie para demostrarle que yo tenía razón. Negó con la cabeza como sugiriendo que yo había hecho trampa. Me volví a los niños y les pregunté:

–¿Qué tal si os llevo a comer a McDonald's?

Aplaudieron encantados, nos montamos en el coche y al llegar, mientras esperábamos que nos trajesen la comida, les vi cuchichear.

Cuando ya estábamos sentados, Alex y Roger se miraron el uno al otro y tragaron saliva.

–¿Qué os ocurre niños? ¿No os gusta la comida? –les pregunté mientras le daba un mordisco a mi hamburguesa.

–Uh-huh –dijeron al unísono.

–¿Qué os pasa? –les pregunté mientras tomaba un poco de mi bebida.

–Patatas –dijo Alex casi en un susurro.

–¿Patatas? –le pregunté intrigada.

–El abuelo me dijo que las patatas fritas vienen de las patatas –dijo Roger abatido–. Se lo he dicho a Alex.

–Pero de todas formas decidimos contestar McDonald's –admitió Alex.

–¿Por qué?

–Porque queríamos los muñecos que vienen con el *Happy Meal*.

Me tuve que aguantar la risa porque no quería alabarles que hubieran mentido. ¿Quién no diría una mentirijilla por un *Happy Meal*? Dejaría mi lección sobre la sinceridad para más tarde. No quería que se me enfriasen las patatas.

Darla, madre de Paula, 7 años

Mi hija adora las ciencias. Lo que más le gusta es la unidad en la que hablan de los cachorros de animales. No estoy segura de si es a causa de esto, pero ha comenzado a pedirnos a mi marido y a mí un hermanito.

Un mundo por explorar

JudithP. Kesselman, *M.A.*, es una veterana educadora en conservación medioambiental y también forma al personal de la *Tiorati Workshop for Environmental Learning*. Su especialidad es enseñar a los profesores de educación infantil, primaria y secundaria cómo integrar las ciencias en el currículo.

¿Cuál es tu filosofía a la hora de enseñar ciencias en educación infantil?

Este tipo de enseñanza debería tener que ver con lo que forma parte del mundo inmediato del niño a esta edad. Los niños comienzan a explorar el mundo desde el primer año de vida. Lo exploran con la boca. Cuando son mayores lo hacen de maneras muy diversas, usan sus manos, sus ojos, su nariz, y con cierto control por parte del adulto, con sus manos, tocando y manipulando objetos. Necesitamos facilitar esta curiosidad y no ponernos en su camino.

Al enseñar ciencias a niños pequeños, necesitamos empezar desde lo más básico, con lo que los niños ya conocen. Por ejemplo, todos comemos manzanas. Todos sabemos que las manzanas tienen un tallo y dentro unas pepitas o semillas. Nos comemos la manzana y tiramos las semillas. No las miramos. En una clase de ciencias para niños, les pedimos a los niños que miren de cerca la manzana, que la huelan, la describan y comparen los diferentes colores que aparecen en ella. Cada niño de la clase tiene una manzana para mirarla. ¿Qué hace de una manzana, una manzana? ¿Qué hace que todas las manzanas sean diferentes? El profesor toma una y la parte por la mitad de manera que los niños puedan ver, por ejemplo, cómo el tallo se conecta con el corazón. El profesor les habla sobre lo que es el tallo y de cómo sujeta a la manzana en el árbol del cual recibe los nutrientes que le facilitan crecer. Y cuando llega a la base de la manzana, donde se ve una cosa un poco extraña, les dice que también esta conectado al corazón y que es lo que queda de la flor. Después, el profesor puede sacar algunos libros y enseñarles fotos de los distintos momentos de desarrollo de la manzana. La clave está en explorar algo de lo que el niño ya conoce. A esta edad, si somos capaces de que los niños se fijen y describan lo que tienen cerca, lograremos enseñarles ciencias.

Los niños son científicos por naturaleza. Siempre están ocupados explorando, clasificando y descubriendo estructuras como parte de su vida diaria. Si con cinco o seis años tu hijo te ayuda a poner la mesa, aprende una estructura. Además hay estructuras en todo. Existe una estructura en levantarse por la mañana, vestirse, lavarse los dientes, desayunar e irse al colegio. Estas estructuras se traducen al mundo de lo científico, como ocurre con las estaciones o las fases de la luna. Podemos ayudar al niño a comenzar a desarrollar esa clase de conciencia de estructuras en relación con cosas que le son familiares.

Podemos incluso ir más lejos si llevamos animales como gusanos, orugas o caracoles a la clase o a casa para que el niño los cuide. Los niños se exponen de esa manera a un mundo más dinámico que el de la manzana y algo más ajeno, y pueden darse cuenta de cómo es ese animal, qué necesita o los cambios que experimenta. Es importante que los tipos de actividades que hagamos, las ejecutemos con lo que está más a nuestro alcance, en nuestro entorno, en la clase, en la cocina, en el baño, en el patio o en los árboles de la calle. Si le enseñas algo especial pero que no tiene que ver nada con su medio, lograrás captar su atención, pero no aprenderán de ello.

¿Cómo pueden integrarse las ciencias en el currículo?

Mientras los niños aprenden ciencias, también aumentan su vocabulario y aprenden a comparar cosas. Desarrollar el vocabulario a partir de palabras descriptivas es básico en ciencias y está íntimamente relacionado con los estudios de tipo social y artístico. Los conceptos que tienen que ver con las relaciones espaciales son también parte de las ciencias y tienen que ver con las matemáticas. Cuando enseñas ciencias estás tocando todas estas parcelas del saber. No creo que puedas enseñar ciencias a niños de estas edades como una asignatura independiente, aislada, porque, como te digo, está muy ligada a las matemáticas, lo artístico y lo social.

Cuando tu hijo estudia las estaciones, está aprendiendo ciencias y también cómo hay que vestirse en invierno y qué es lo que hacemos en casa durante esa época del año, y todo esto se interrelaciona de una manera perfecta. Una unidad didáctica típica en educación infantil es la familia. Cuando hablas de la familia clasificas. ¿Quién forma parte de la familia? ¿Qué es lo que hacen? Todo esto tiene que ver con el conocimiento del medio social por parte del niño, pero también con las ciencias (una disciplina que proporciona todo un mundo para su exploración).

Su-Ling, madre de Erin, 7 años

Trabajo como técnica en un laboratorio. Me hubiera gustado haber estudiado ciencias en el colegio cuando era pequeña como mis hijos. A lo mejor podía haber sido médico.

Colegios privados

¿Por qué enviamos a nuestros hijos a colegios privados? Porque tanto mi marido como yo habíamos ido a colegios privados y nos gustaba el ambiente.

Hogue, padre de Lara, 8 años, y Miles, 10.

Stacy nos cuenta cómo su marido y ella decidieron enviar a sus dos hijos a colegios privados.

Debo admitir que me sentí un poco culpable cuando decidimos que optaríamos por un colegio privado. Ernie, mi marido, y yo siempre habíamos creído en la enseñanza pública. Más de un año antes de que Tori empezase a ir al colegio, visitamos el colegio público de la zona y no nos gustó. Nos habían llegado comentarios por parte de los vecinos sobre el director; le calificaban de «débil» y decían que, a pesar de los esfuerzos de algunos profesores y padres comprometidos, el currículo carecía de interés y la moral de los profesores era baja.

Aunque podíamos haber pensado en otros colegios de la zona, por algún motivo no lo hicimos. Un buen número de niños del barrio iba a colegios privados. Algunos de nuestros amigos querían ver qué tales eran, así que les acompañé.

Fue un gran error porque después de ver el primero me hice a la idea de que mis hijos irían a un colegio privado, aunque no fuera ninguno de los que tenía en mi lista. De los seis colegios que mis amigos y yo visitamos, había dos o tres que parecían gustarles más, pero no veía que ninguno de ellos fuera lo más conveniente para Tori, para Ernie o para mí.

Sobre todo, mis amigos estaban buscando colegios prestigiosos y exclusivos con programas con una fuerte carga académica. Algunos querían llevar a sus hijos a un colegio cuyos padres y niños fueran «convenientes» para sus familias. Unos pocos estaban interesados en colegios cuyos alumnos tuvieran la admisión asegurada en determinados institutos, porque favorecían a los niños que venían de determinados colegios. Algunos estaban obsesionados con las actividades deportivas o artísticas que ofrecían.

Ernie y yo teníamos algunos objetivos similares y otros que no tenían nada que ver con los suyos. Al igual que los demás padres, sabíamos que muchos de los colegios privados tienen clases más pequeñas, mejores programas de educación artística, más atención individualizada y más especialistas en materias como música, arte, ciencias, matemáticas o educación física.

Mi mayor preocupación era la filosofía educacional del colegio. También me interesaba lo que el colegio podía representar para mí, la formación académica del director y de los profesores, el tamaño de la clase, el nivel de atención personalizada y las actividades extracurriculares.

Una vez que habíamos acumulado toda esta información, Ernie y yo visitamos dos de mis opciones favoritas, que curiosamente no tenían nada que ver la una con la otra. Uno era un colegio progresivo, lo que significa que el currículo viene marcado por los intereses de los alumnos. El aprendizaje se basa en la automotivación. Los profesores no son sino mediadores del mismo. El énfasis radica en contribuir al desarrollo del niño motivándolo en lugar de centrarse en su evaluación. Aunque, normalmente, esto hubiera implicado una gran falta de estructura, para Ernie y para mí, era una especie de versión modificada de lo que yo esperaba. El director, los profesores y el asesor en temas de planificación curricular decidían sobre el programa académico. Un comité de padres participaba en la dirección del colegio.

El papel que los niños jugaban era algo fundamental dentro del programa en su conjunto, pero no en la forma en la que generalmente se nos hace creer.

En realidad, toda su idea de la educación me resultaba atractiva.

El otro colegio que estuvimos considerando era un colegio católico. Aunque ninguno de los dos habíamos ido a la iglesia en muchos años, los dos éramos católicos y conocíamos este colegio aunque pertenecía a otra parroquia. Lo que me atrajo de él y también gustó a mi marido fueron cosas tan típicas como el número de alumnos por clase, el compromiso de los profesores, el énfasis en las habilidades básicas y en la excelencia académica, pero también la existencia de valores y creencias compartidas.

La directora era increíble. Tenía un doctorado en teología y educación y pasaba los veranos en retiros religiosos y trabajando como voluntaria construyendo casas para gente sin hogar con una ONG. Estábamos gratamente sorprendidos.

Finalmente decidimos optar por la primera por Tori, ya que creíamos que necesitaba un ambiente menos estructurado. Dos años más tarde, enviamos a nuestro hijo Jamie al colegio católico porque creíamos que sería perfecto para él. Ambos están muy contentos y tanto Ernie como yo creemos haber tomado la decisión correcta.

Rusty, padre de Scottie, 6 años, y David, 9

Pienso que los colegios católicos son la mejor opción que hay en la ciudad. La matrícula es razonable y la educación es de gran calidad.

Los colegios independientes

Peter Relic es el presidente de la *National Association of Independent Schools.*

Cosmo, padre de Courtney, 5 años, y Creedence, 18

Nuestros hijos van a un colegio progresivo. Hay más libertad y no controlan tanto a los niños. He de admitir que a veces me pregunto si serán capaces de adaptarse al mundo real.

¿Cuál es la diferencia entre los colegios privados y los independientes?

Los colegios independientes son una parte más del universo de los colegios privados o no públicos. Lo que diferencia a los colegios independientes de los colegios públicos y de los parroquiales es que no reciben ninguna ayuda a través de los impuestos.

Los colegios independientes se mantienen fundamentalmente gracias al importe de la matrícula y a las donaciones. Una diferencia más es que los colegios independientes cuentan con un consejo de administración propio, en lugar de existir un solo consejo que dirige varios colegios como ocurre con los colegios de las diócesis parroquiales. De manera que la principal diferencia entre los colegios independientes y los religiosos estriba en las formas de financiación y en el tipo de dirección.

¿Por qué motivo los padres deciden enviar a sus hijos a uno u otro tipo de colegio?

Aproximadamente unos trescientos mil padres deciden llevar a sus hijos a colegios independientes donde normalmente se imparte hasta sexto curso. Generalmente, los padres buscan un colegio que esté en consonancia con sus valores familiares y con sus actitudes y también capaz de darle a su hijo la mejor formación de cara al futuro. Más concretamente, los padres buscan:

- **Calidad en la enseñanza.**

- **Clases pequeñas.** La *National Association of Independent Schools* (NAIS) recomienda unos nueve alumnos por profesor.

- **Seguridad.** Los padres están cada vez más preocupados por el tema de la violencia y de las drogas.

- **Valores morales, ética y responsabilidad social.**

- **Un enfoque centrado en objetivos claros.** Los padres quieren saber el tipo de estudiantes que tiene el colegio; por ejemplo, si está considerado como un colegio orientado a la preparación para entrar en la universidad o bien si es un colegio para niños con necesidades especiales (muchos de los colegios de la NAIS lo son). Si conocen cuál es la orientación del colegio, les resultará más fácil saber si es lo que tan buscando.

- **Tutorías individualizadas.** Los padres quieren estar seguros de que existe una relación personalizada con cada alumno.

- **Igualdad en las actividades deportivas y sociales.** Muchos colegios independientes animan a sus alumnos a participar en todas las actividades en lugar de favorecer exclusivamente a los que más destacan en ellas.

Sheila, madre de Julian, 7 años, Weaver, 9, y Rex, 15

Dos razones principales: los programas deportivos y todos los de educación artística.

¿Cómo deberían los padres evaluar los colegios no públicos?

No existe la fórmula perfecta para elegir el colegio adecuado para tu hijo. Las clasificaciones que se hacen sobre los centros educativos, ya sean los colegios o las universidades, suelen realizarse sobre criterios superfluos. Encontrar un buen colegio es algo más complejo que estar al tanto del puesto que ocupa en un ranking.

Casi todo el mundo comienza por tener en cuenta la reputación. La gente normalmente sabe algo sobre la fama que tiene el colegio. Una vez que los padres han seleccionado tres o cuatro colegios que les interesan, deberían informarse de lo que los colegios dicen de sí mismos (qué tipo de publicidad se hacen) bien a través de material escrito o a través de su página Web. ¿De qué manera se evalúa a sí mismo el colegio? ¿De qué se hacen responsables? ¿De qué forma favorecen que los padres participen en el proceso de evaluación? ¿Se permite a los padres y a sus hijos que visiten el colegio? ¿Pueden pasar un día hablando con los profesores, los alumnos y el personal de la administración? Si estos últimos están muy ocupados y no tienen tiempo para recibir a los padres de posibles nuevos alumnos ni a sus hijos, yo lo interpretaría como una mala señal.

Por último, los miembros de la familia (e incluso los propios niños) tienen «buenas» o «malas» sensaciones con respecto a un determinado colegio y deberían discutir sus sentimientos, sus reacciones con la gente, el entorno, el enfoque pedagógico y otros temas importantes. Después de una muy cuidadosa deliberación, teniendo en cuenta las necesidades del niño y los valores familiares, los padres pueden tomar una decisión más informada.

Chet, padre de Roger, 8 años

Nuestro hijo padece el síndrome de déficit de atención. Los colegios de la zona no podían responder a sus necesidades.

Colegios públicos

Siempre he pensado que llevaría a mis hijos a un colegio público.
Considero fundamental poder estar en contacto con niños de
procedencia diversa.

Melissa, madre de Brooke, 7 años, y Cristal, 11.

A comienzos del último año de Alex en la escuela infantil, alrededor de media docena de madres me preguntaron por el colegio al
que lo iba a llevar. Yo por entonces les decía que no lo sabía.

–¿No has ido a ver ningún colegio? –me preguntó Lucy, una madre
especialmente agresiva.

–No –respondí.

–¿Por qué no?

–Por que no estoy preparada para pensar sobre el tema. ¿Quién
sabe cómo será Alex dentro de un año? Además, tenemos un
buen colegio público en el barrio.

–Pero si quieres que vaya a un colegio privado debes solicitarlo
ahora –me dijo.

–Pero no quiero que vaya a un colegio privado –le contesté. Bernie
y yo fuimos a colegios públicos. Filosóficamente creo en la enseñanza pública.

Se marchó. Obviamente para ella yo no era alguien con quien mere-
ciera la pena seguir hablando.

Seis meses más tarde, Bernie y yo asistimos a una reunión para los
padres de los niños que entrarían en el colegio ese año. El auditorio
estaba atestado. Se podía notar cierta tensión entre los asistentes.

La directora fue tranquilizadora. Respiré aliviada. Explicó que aunque el nuestro era un colegio público, también era un *charter school* *. En aquella época sólo había cien *charter schools* en el país. La ventaja estaba en que aunque éramos parte del distrito escolar, la directora y los profesores tenían mucha más libertad para determinar la misión del colegio, sus objetivos y su currículo. Además, los padres estaban activamente implicados en la gestión del colegio. Por todo ello, Bernie y yo nos sentíamos muy afortunados.

Justo después de la reunión, me acerqué a uno de los profesores y le dije algo nerviosa:

—A mi hijo le cuesta un poco adaptarse a las nuevas situaciones. Tiende a adoptar una posición de observador y a no participar. ¿Será eso un problema?

—No —dijo con voz agradable—. Nuestro punto de partida es que cada niño es único. Aunque es cierto que pueden existir ciertas similitudes en el desarrollo, sus personalidades, sus estilos de aprendizaje, su procedencia, su desarrollo motor, sus habilidades sociales e intelectuales difieren. Es un reto maravilloso intentar averiguar cuál es la mejor forma de enseñar a un niño para que se desarrolle plenamente.

Me sentía tan aliviada por lo que me decía que casi me puse a llorar. Bernie sonrió, le agradeció al profesor el tiempo que nos había dedicado y se dio la vuelta dispuesto a marcharse. En ese momento le agarré del brazo y le dije:

—Me queda una pregunta más por hacerle.

Bernie me miró con una expresión que quería decir: «Ya es suficiente. Deja que hable con las diez parejas más que están sentadas detrás de nosotros». Ignorándole por completo, le dije con calma:

—Alex es nuestro único hijo. ¿Es éste un ambiente lo suficientemente afectuoso?

Sonrió, poniéndome la mano sobre el hombro, y me dijo:

—Por supuesto, éste es un colegio estupendo. No se preocupe.

---

* Los *charter schools* son colegios públicos con un régimen de financiación privilegiado respecto al resto de colegios públicos, pero con la obligación de cumplir unos mínimos indispensables en cuanto al rendimiento de sus alumnos. Suelen surgir de la voluntad de un grupo de profesores de mejorar el currículo, de ahí el énfasis en el rendimiento escolar. *(N. de la T.).*

Se lo agradecí mucho y Bernie y yo abandonamos el auditorio.

Una vez fuera Bernie movió la cabeza, se volvió hacia mí, alzó sus cejas y me dijo:

–¿Es éste un ambiente afectuoso? Cariño, ¿qué iba a decir?: No, los profesores aquí odian a los niños.

–No fue lo que dijo –le respondí–. Fue la expresión de su cara cuando lo dijo.

–¡Caramba! –contestó, que es lo que dice cuando cree que estoy loca.

Le tomé del brazo, suspiré una vez más y seguí caminando con la seguridad de que Alex estaba en buenas manos.

Miguel, padre de Paolo, 5 años

El colegio público de nuestro barrio era horrible, así que me decidí a buscar otro en los alrededores. Encontramos un colegio privado estupendo, aunque se salía de nuestro presupuesto. Afortunadamente, también encontramos un colegio público que nos gustaba en un barrio diferente y nos trasladamos.

El mundo de los colegios públicos

Patricia Reeves es profesora de educación infantil y catedrática del *Early Childhood Educator´s Caucus* de la *National Education Association*.

¿Por qué debe ir un niño a un colegio público?

Supongo que, como soy profesora en un colegio público, tengo mis prejuicios. Pero como madre también he de determinar cuál puede ser el mejor ambiente educativo para mis hijos. Personalmente preferí mandarles a un colegio público y creo que hoy tomaría la misma decisión. Nuestra sociedad es diversa y la educación es algo más que leer, escribir y saber contar. Necesitamos propiciar un ambiente en el que nuestros hijos puedan tener compañeros y amigos de diferentes etnias, culturas, clases sociales y poder adquisitivo. Creo que los colegios públicos nos ofrecen una oportunidad inigualable en este sentido.

¿Cuáles son los últimos avances más notables en la enseñanza a este nivel?

El primero de todos es el aumento en el número de niños que acceden hoy en día a la educación infantil. Aunque esta etapa educativa no es obligatoria en todos los estados de Norteamérica, hay datos que demuestran su valor para los niños. Los profesores y otros expertos saben que un programa eficaz de segundo ciclo de educación infantil permite que el niño desarrolle las habilidades interpersonales, académicas y sociales que le proporcionan una fuerte base de cara a futuros buenos resultados en el colegio.

Los estudios demuestran que la jornada de mañana y tarde, que a veces puede convertirse en continuada por incluir la hora de la comida, es particularmente beneficiosa para aquellos niños que no vienen de hogares donde se les está prestando la suficiente atención. Aunque muchos centros de educación infantil y programas para niños aventajados (*Head Start*) contribuyen a la adquisición de algunas de las habilidades básicas, el primer año de colegio para un niño que todavía cursa educación infantil le permite ponerse al nivel del resto de sus compañeros. Las estadísticas también confirman que cada vez más familias en las que ambos cónyuges trabajan están a favor de la enseñanza del segundo ciclo de educación infantil impartida en los colegios por profesores especializados.

Un tercer logro es el aumento en la voluntad de combinar las metodologías eficaces en lugar de enfrentarlas. Desde el momento en que existe un reconocimiento generalizado sobre que los niños aprenden de maneras diferentes, únicamente tiene sentido la coexistencia de métodos de enseñanza diferentes. Esto es especialmente evidente cuando se le enseña al niño a leer y a escribir. La combinación del método fonético (método de enseñanza en el que las letras representan los sonidos o fonemas y se hace énfasis en el reconocimiento de las palabras) con el método de aproximación al lenguaje (en este método se combina escuchar, hablar, leer y escribir) da a los niños más oportunidades de aprender con éxito.

Otra mejora importante es el aumento de la disponibilidad de materiales prácticos para aprender matemáticas y ciencias. Se sabe desde hace tiempo que los niños aprenden más eficazmente si pueden usar materiales concretos. Los objetos manipulables (como los bloques de construcción, los cubos de madera, los bloques para unir) han sido siempre importantes herramientas de aprendizaje. En el pasado, los colegios no contaban con suficientes fondos para estos objetos, quizás porque no reconocían su importancia. Las prioridades han cambiado en este sentido.

¿Cuál es la situación de la educación infantil en los Estados Unidos?

Hay gran cantidad de programas excelentes de educación infantil en el país y siempre los ha habido. Un problema fundamental es el de su inconsistencia; en muchos estados la educación infantil no es obligatoria. En una encuesta de la *National Association* sobre la situación de la educación infantil en los Estados Unidos, los resultados confirmaron que cada estado tiene diferentes regulaciones en lo que concierne al número de alumnos por clase, duración de la jornada escolar, fecha para el comienzo de las clases y sistemas de evaluación. Las investigaciones sobre la importancia de financiar más programas para niños han traído como consecuencia un incremento en la financiación federal en esta área, pero todavía existen una serie de temas que necesitan ser abordados, entre los que se incluyen los siguientes:

- **El número de alumnos por clase.** Varía de estado a estado. En algunos distritos escolares puede haber de diez a doce niños por clase; en otros, veinte o treinta. Algunos profesores se ven a obligados enseñar en dos sesiones de medio día cada una con un alumnado total de cuarenta a sesenta niños. Obviamente, esos profesores no tienen tiempo de desarrollar relaciones personales con todos los niños de sus clases ni con sus familias. Por lo tanto, un objetivo importante es reducir el número de alumnos por clase.

- **La jornada de mañana y tarde.** Como mencioné antes, el número de programas de educación infantil con este tipo de jornada ha aumentado. Si bien esto parece ser un paso hacia adelante importante porque permite, tanto a los niños como a los profesores, llegar a conocerse mejor y pasar más tiempo realizando diversos tipos de actividades, será importante analizar los resultados de los estudios longitudinales.

- **La evaluación.** Aunque el propósito de los sistemas estándar de evaluación es proporcionar un método para evaluar a los niños según un criterio aplicable a la totalidad de la nación, muchos profesores y expertos en educación creen que este tipo de pruebas no es apropiado para el desarrollo de los niños de entre cuatro y cinco años y que existen formas mejores de evaluar el progreso del niño. Otro aspecto fundamental es el énfasis actual en preparar a los niños para que obtengan buenos resultados en estas pruebas en lugar de centrarse en que el niño aprenda.

- **Las fechas de comienzo del curso.** Con muchas familias que se trasladan de estado, existe la necesidad de crear una política nacional válida para todos ellos en relación con el comienzo del curso escolar. Cuando el niño comienza a ir al colegio en un área geográfica diferente, sus padres se pueden encontrar con que el niño tiene que esperar un año extra para cumplir con los requisitos mínimos de edad del estado o comenzar a ir al colegio un año antes. En cualquier caso, las variaciones en la edad de los niños de una clase son cada vez mayores, lo que sitúa a niños en etapas evolutivas muy diferentes dentro de la misma clase.

Aunque podemos concluir diciendo que la educación pública está cambiando constantemente, es muy prometedor darse cuenta de la creciente concienciación sobre la importancia de la educación del niño a edad temprana. El haberme involucrado de manera activa en la *National Education Association* y haber conocido a otros profesores del país me ha dado la satisfacción de comprobar su compromiso con la enseñanza y su dedicación a la hora de procurar para ellos la mejor educación posible.

Taki, madre de Hana, 7 años

Somos afortunados porque el colegio de nuestro barrio es bastante bueno y a los padres se les permite tener una participación muy activa. Hay muchas formas de participar en la vida del colegio e incluso puedes trabajar en la clase donde está tu hijo.

Una nueva opción

Joe Nathan, autor de *Charter Schools: Creating Hope and Opportunity for American Education,* es el director del *Center for School Change* en el *Hubert H. Humphrey Institute of Public Affairs* de la Universidad de Minnesota.

Los *charter schools* son centros escolares públicos financiados a través de los mismos fondos públicos que los colegios públicos tradicionales. Sin embargo, al contrario que los colegios públicos, están obligados a responder con buenos resultados. Pero, en contrapartida, reciben ciertos privilegios que los eximen de muchas de las restricciones y normas a las que están obligados los colegios públicos. Este tipo de colegio pone en práctica a la vez cuatro poderosas ideas:

- Ser una opción más dentro del sistema público tanto para los niños como para sus familias.

- La oportunidad para los educadores y los padres de crear el tipo de colegio que más se ajusta a sus necesidades.

- La obligación de mejorar el rendimiento, medido según pruebas estándar o de otro tipo.

- Competitividad dentro del propio sistema público de enseñanza.

Las diferencias entre las charter schools *y otras alternativas de la educación pública*

La posibilidad de elegir un colegio es un arma poderosa, algo así como la electricidad. Usada con cuidado, la electricidad y la posibilidad de elegir dan buenos resultados. Pero mal usados, la electricidad y la libertad de elegir crean más problemas de los que pueden resolver. Los temas en los que se basan las alternativas de la enseñanza pública son muy importantes:

- **Bonos escolares.** En este tipo de sistemas las familias reciben bonos por un dinero determinado. También pueden usar estos bonos para pagar la matrícula en el colegio de su elección sea éste público, privado o parroquial. Ha habido numerosas propuestas en este sentido, pero se puede decir que todas ellas han fracasado ante la legislación estatal o bien en referendos públicos. La *charter school* difiere del bono escolar en cuatro puntos. Primero, las *charter schools* no pueden ser sectarias. Segundo, en la mayoría de los estados la legislación de las *charter schools* no les permite elegir a sus alumnos en función de su rendimiento previo. Tercero, los bonos normalmente permiten que los centros privados y los parroquiales cobren una cantidad adicional a la que reciben por parte del estado en concepto de matrícula. Una diferencia entre *charter school* y el sistema de bonos es que los *charter schools* tienen la obligación de alcanzar unos mínimos en rendimiento. Para mantener sus privilegios, los *charter schools* deben demostrar que sus alumnos están mejorando en sus habilidades y están expandiendo sus conocimientos.

- **Los *magnet schools*.** Éstos son colegios públicos que cuentan con un currículo diseñado especialmente para atraer a estudiantes de otros distritos. Suelen ser parte de un programa de abolición de la segregación racial de un distrito urbano que pretende que distintas razas convivan. A diferencia de otros colegios públicos, para acceder a estos colegios hay que pasar pruebas de admisión. Los *magnet schools* gastan más dinero por estudiante que otros colegios en su distrito. En cambio, uno de los elementos clave de la estrategia de las *charter schools* es que reciban la misma cantidad de dinero por cada estudiante y no más de lo estipulado según el estado. Para los defensores de las *charter schools*, el tema de la igualdad económica es fundamental: si los *charter schools* han de demostrar las ventajas de elegir entre colegios y de usar métodos innovadores de enseñanza, también han de ser capaces de realizar su trabajo y de mejorar el rendimiento de los alumnos por el mismo dinero que un colegio público normal.

¿Será el movimiento de las *charter schools* un capítulo o una nota a pie de página de la reforma educativa en los próximos veinte años? Sus primeros cinco años han sido una época de crecimiento impresionante, de lucha política feroz y de intenso interés por parte de los medios de comunicación. Sin embargo, es imposible saber cuál será su futuro.

Lo que sí sabemos es que avanzaremos si damos su oportunidad a los educadores creativos, comprometidos y con talento que desean obtener buenos resultados. Para ello debemos usar la extraordinaria energía empresarial de este país que ha sido capaz de producir productos y servicios para personas de todo el mundo. Del mismo modo, una legislación específica para estos colegios puede dar nuevas oportunidades y ánimos a educadores con talento y energía. Quizás así logremos tener menos educadores frustrados, más familias implicadas y más alumnos con buenos resultados.

Comportamiento apropiado para cada edad

Comparados con mi hija Hannah, el comportamiento de algunos niños me parecía muy inmaduro. Entendí por qué era así cuando descubrí que sólo tenían cuatro años y nueve meses.

Debby es madre de dos niños, Tyler, 3 años, y Hannah, 6.

Tras varias semanas en el colegio, empecé, como otras madres, a participar como voluntaria en las clases, y me quedé sorprendida al observar los diferentes niveles de desarrollo que descubría entre los compañeros de Alex. En comparación con sus compañeros de la escuela infantil (un grupo más o menos homogéneo) sus compañeros del colegio eran treinta y dos niños de entornos, estilos de vida, habilidades, sensibilidades y de conducta muy variados.

Mi marido y yo preferimos la diversidad; de hecho, fue por eso por lo que llevamos a Alex a una escuela pública. Pero, rápidamente, nos pareció como si estuviéramos sacando a nuestro hijo del nido protector que había sido la escuela infantil para meterlo en la selva del colegio.

Al asistir semanalmente a las clases, tenía la oportunidad de observar lo variado de los comportamientos infantiles. Un niño delgado y revoltoso llamado Benjamin competía sin lugar a dudas por entrar en el *Libro Guinness de los Records* como el más travieso de todos. Para mí estaba perfectamente claro que empujar, agarrar por detrás a los compañeros o pintar con los dedos a los demás no eran las conductas más apropiadas para su edad, pero me preguntaba si la falta de atención y afecto, que se reflejaban en su ropa desaliñada y en su cara sucia, podía ser quizás la causa.

También conocí a Hailey, una niña preciosa cuyo nivel de ansiedad por la separación de sus padres superaba cuanto había visto u oído hasta entonces. Durante los dos primeros meses de colegio, cada mañana, cuando sus padres se despedían de ella, rompía a llorar. ¿Era esto una simple expresión de amor a sus padres, aunque algo desorbitada, o no era más que la angustia del niño que se queda en el colegio por primera vez?

Después de muchas semanas de observarla, sospeché que el que se mordiera las uñas, se chupara el dedo pulgar, mordiera los lápices e hiciera ruidos extraños con la garganta, eran conductas normales. Mientras que tirar de una patada los bloques de construcción de sus compañeros, ponerse plastilina en el pelo, quitarle la merienda a los demás o escupirles no parecía serlo.

Pero había algunas cosas que todavía me chocaban. Aunque sabía que los padres que trabajamos como voluntarios estamos sometidos a una estricta política de confidencialidad sobre el comportamiento de los niños en las clases, no podía seguir callada por más tiempo. Llamé a otra madre, diplomada en Psicología de la Educación, y le expliqué mis dudas. Me dijo que algunas reglas están hechas para saltárselas, que hablar sobre los demás no tiene por qué ser malo si se usa como un medio para hacer algo constructivo, y le confesé cuáles eran mis sospechas.

—Supongo que todo tiene que ver con qué es o no es un comportamiento normal en un niño de esta edad —le comenté—. ¿Es apropiado para su edad que Jack no sólo rompa el dibujo de Sylvie, sino que encima se ría cuando lo hace, que Jessica mienta continuamente y que Morgan se limpie a escondidas la nariz sobre cualquiera que se le ponga cerca? ¿Y qué me dices de Alden haciéndose pis encima, Ramie tirando arena y Caitlin que no quiere nunca comer?

Ellen me miró y se rió.

—Primeramente no estaría mal que supieras que hay un amplio abanico de comportamientos que pueden considerarse normales o, mejor dicho, habituales. Te sugiero que leas el libro *Your Five-Year-Old: Sunny and Serene* del Gesell Institute. Después de años de investigación, han conseguido describir con detalle los patrones de comportamiento de los niños. Y sugieren que los niños de cinco años no tienen por qué dar problemas.

–¿En serio? Será una broma.

–No lo creas –me contestó–. Sólo tienes que mirar a Alex. A los cinco años, la mayor parte de los niños quieren ser buenos y, de hecho, lo son. Lo que te encuentras en el colegio son niños cuyas edades difieren hasta en un año, y con grados de madurez a veces muy distintos.

Estuvimos hablando durante un buen rato y al final me sentía mucho mejor. Más tarde, durante aquella semana, cuando vino uno de los amigos de Alex y se hizo pis en mis azaleas, no me resultó nada extraño.

Brian, padre de Tommy, 5 años

Me pregunto qué pasaría si los comportamientos de los adultos fueran descritos como comportamientos apropiados o no apropiados para su edad.

Qué se puede esperar de los niños que van al colegio por primera vez

Jacqueline Haines es la directora ejecutiva del *Gessell Institute of Human Development*. Louise Bates, *Ph.D.*, cofundadora de esta institución, y, la última, Frances L. Ilg, *M.D.*, son las autoras de una serie de libros (desde *Your One-Year-Old* hasta *Your Ten-to Fourteen-Year-Old*) dedicados al desarrollo del niño desde su primer año de vida hasta los catorce.

¿Cuáles son las características «normales» de un niño de cinco y seis años?

Todos los niños de esta edad pasan por serias transformaciones. Un niño de cinco años se muestra dócil, cooperador e interesado en la escritura de letras y números. Estos niños quieren ser buenos, se esfuerzan por serlo y, normalmente, lo consiguen. Quizás una de sus principales características es que disfrutan mucho de la vida y suelen estar de buen humor.

Los niños de seis años están ya inmersos en las luchas de poder. Lo saben todo, se atreven con todo y lo pasan fatal antes de reconocer que han hecho una travesura. Siempre es culpa de otro. Los niños de seis años son conscientes del mundo que les rodea. Los de cinco todavía no saben cómo funcionan las cosas, así que son menos atrevidos.

Los de seis años son mandones, hasta el punto de crear a veces conflictos con sus profesores y sus padres. Piensan que tanto los profesores como los padres deberían hacer lo que a ellos se les antoje. Mantienen luchas de poder tanto con adultos como con compañeros. Los padres tienen que resolver la situación diciendo cosas como: «Lo siento. No vi lo que pasó. Espero que te acuerdes de lo que te he dicho la próxima vez».

¿Hay diferencias entre los niños y las niñas?

Los niños parecen tardar más tiempo en volverse calmados y reflexivos. No están tan interesados como las niñas en las tareas escolares que requieran estar sentados escribiendo o dibujando, por ejemplo. Prefieren actividades más dinámicas. En general, los niños tienen una forma distinta de encarar las situaciones a la de las niñas. Las niñas emplean la palabra y la escritura antes y con más facilidad que los niños. Ellos, con frecuencia, son más creativos resolviendo problemas. Les gustan los bloques de construcción o los muñecos animados. Esto no significa que tengan problemas usando el lenguaje, simplemente les gusta tener una perspectiva más amplia de las cosas. Las niñas tienden a elaborar sus ideas tan pronto como pueden y son más proclives a compartirlas.

Marc, padre de Sam, 7 años

¿Qué significa el término «comportamiento apropiado para cada edad»? ¿Se trata de un eufemismo para referirse a lo que hace un niño que se porta mal?

¿Qué se considera un «comportamiento apropiado» para un niño que comienza a ir al colegio?

Incluso aunque el niño haya ido a la escuela infantil, al principio se siente ansioso. No está seguro de qué es el colegio. Algunos niños empezarán a tartamudear al intentar hablar. Suelen estar extremadamente pendientes del profesor y quieren conseguir su aceptación.

Los niños a esta edad son cooperadores y fáciles de manejar a partir de normas o reglas. Hacen las cosas de una manera determinada y crean sus propias reglas en su mundo de juegos y relaciones con sus compañeros. Adoran imitar a los adultos y son muy creativos con sus lápices de colores o sus bloques. En esta etapa, tanto los niños como las niñas dejan que otros intervengan en sus juegos, pero esto dura poco.

El comportamiento de los niños que comienzan a ir al colegio no es tan sencillo al cabo del año como lo era al principio. A medida que el niño se hace mayor, se vuelve más emotivo. Atraviesan lo que se llama *breakup stage* o fase de ruptura. Como consecuencia del rápido crecimiento del cerebro, comienzan a experimentar confusión sobre lo que les rodea. A cada idea que tengan, le seguirá un intento de experimentar sobre ella. Si su solución no funciona, se sentirán frustrados. Además, se vuelven poco manejables y es difícil hacerles cambiar de opinión. De manera que, en general, es recomendable que el profesor diseñe rutinas claras y casi rituales.

¿Experimentan los niños un «estirón» durante el primer año de colegio?

Sí. Los niños de cinco años comienzan a perder las formas redondeadas típicas de los niños más pequeños, crecen y su figura se hace más esbelta. Los de seis años experimentan un rápido crecimiento también. Por eso son tan torpes. Su escritura no resulta pulcra y homogénea y por eso al recortar lo hacen de forma poco precisa.

¿Qué pensáis de un enfoque puramente académico durante esta etapa?

Hoy en día existe la preocupación generalizada de que nuestros hijos no van a estar a la altura de las circunstancias en el futuro. Existe abundante literatura sobre la conveniencia de enseñar o no ciertas cosas demasiado pronto. Los conceptos que se le enseñan al niño cuando todavía no está neurológicamente preparado para ello pueden representar verdaderos problemas en el futuro. Crean vacíos en el aprendizaje, pues los niños sólo obtienen conocimientos fragmentados. Tienen que intentar poner todas las piezas de esa especie de rompecabezas juntas para poder pasar a un nivel superior, y esto les resulta extremadamente difícil. Por este motivo, muchos educadores han preferido ir más despacio, dedicarse a analizar y profundizar en los conceptos en lugar de meter más y más información en las cabezas de los niños.

Tener una buena base es más saludable porque el niño comprueba que lo que sabe lo sabe bien, sin fisuras. La necesidad de completar las tareas que se les proponen y quedarse con la sensación de que algo ha sido terminado antes de lanzarse a otra actividad es extremadamente importante. Algunas de los problemas de comportamiento de los que hablan los profesores tienen que ver con la sensación de frustración que produce lo que se deja a medias.

También es importante darse cuenta de que más no significa necesariamente mejor. Algunos niños tienen un temperamento que les lleva de manera innata a querer hacer más cosas. No pasa nada si esto es así. Pero no se puede pretender imponer las mismas exigencias a los demás. Hay que aceptar que haya niños que prefieran hacer doce páginas de su cuaderno de ejercicios al día, mientras que otros se sientan satisfechos completando sólo una. Algunas escuelas trabajan en relación con lo que los niños pueden asumir año por año según su desarrollo cognitivo. Sobre este principio, añaden toda suerte de actividades y experiencias enriquecedoras que dan muy buenos resultados en el futuro. Aunque eso sí, se necesita que exista una cierta flexibilidad, pues ningún sistema es perfecto.

Comportamiento apropiado para cada edad

Melinda, madre de Libby, 8 años, Shawn, 10, y Royce, 15

Mi hija menor, Libby, era una de las niñas más pequeñas de la clase. No escuchaba; se sentía incómoda cuando la profesora ponía a toda la clase en un círculo para jugar o hacer alguna actividad. Cuando por quinta vez, en tres semanas, la profesora me dijo que su comportamiento era nocivo para el resto de sus compañeros, me eché a llorar. Después de eso, la profesora se volvió más comprensiva, así que recomiendo ponerse a llorar si las cosas no van bien.

Computadoras

Soy una loca de las computadoras, así que me encantó descubrir que
nuestro colegio tenía un programa para los niños en educación infantil.
Cuando vi el nuevo laboratorio con lo último en computadoras, me
entraron ganas de dejar mi trabajo e irme con ellos.

Tracy, madre de Ellen, 7 años y Ted, 9.

Durante diez años el mundo de las computadoras no me preocupó de una manera especial. Tuve la misma computadora durante trece años y la usaba exclusivamente como procesador de texto. Cuando Alex empezó a ir al colegio, todo había cambiado. Su colegio daba mucha importancia a las nuevas tecnologías. Además de contar con un laboratorio de informática, todas las clases disponían de cuatro computadoras.

Alex se llevó bien con su nueva compañía desde el principio. Se le daban bien y además también le gustaban. Este hijo nuestro que hasta entonces había sido criado con muy poca televisión, sin videojuegos y con libros y más libros, pero nunca electrónicos, de repente va y se convierte en un niño digital.

Para colmo, yo no pensaba entonces mucho en las repercusiones filosóficas del uso de nuevas tecnologías a tan corta edad. Imaginaba que saber usar una computadora era algo positivo. El colegio tenía un programa estupendo. Sabían que era muy importante tener una buena base y por eso habían contratado a alguien especializado para que enseñase tanto a profesores como a alumnos. No confiaban en comprar material multimedia para la enseñanza individualizada, ya que suele resultar tremendamente repetitivo y aburre mortalmente a los niños.

En lugar de eso, lo que hizo el colegio de Alex fue invertir en tres paquetes interactivos que posibilitaban que los niños tuvieran de verdad que pensar, crear y tomar decisiones delante de la computadora. Uno de los programas incluía un procesador de texto, hojas de cálculo, bases de datos, tratamiento de imágenes, aplicaciones de dibujo y multimedia. Otro era un programa excelente de gráficos. El tercero permitía al niño usar *hyperstacks*, que son como fichas electrónicas de gran utilidad para el desarrollo de presentaciones multimedia.

Lo que no tuve en cuenta entonces era si el coste de las computadoras tanto en dinero como en tiempo merecía la pena. Cada colegio tiene un presupuesto determinado y si una porción del mismo se gasta en computadoras significa que se está dejando de invertir en otro aspecto. En el día sólo hay un número determinado de horas para «extras», así que alguien tiene que decidir si ese tiempo se va a dedicar a la música, el arte o la informática. Hay cientos de actividades que también permiten desarrollar la inteligencia, el pensamiento crítico, las habilidades verbales, la conciencia de género, la salud, la seguridad y optar entre ellas no es nada fácil.

Personalmente, ahora que Alex tiene once años, me impresiona ver de lo que es capaz con las computadoras. En tercero de primaria editó una revista sobre *The Tempest* para la que escribió todos los artículos, preparó el diseño, incorporó *clip art*, eligió los colores y todas las fuentes (la tipografía). Sabe usar Internet tanto para clase como para descargar juegos. En el pasado, incluso ha hecho sus propias tarjetas de felicitación de una manera muy creativa e inteligente. Pero llegar a todo eso ha supuesto mucho tiempo, un tiempo que posiblemente se podía haber invertido en otras cosas.

Una noche recibí una llamada de una amiga que estaba evaluando dos colegios privados que impartían educación infantil. Su hijo había sido admitido en los dos, y ella y su marido no sabían qué hacer. Uno de los colegios ofrecía lo último en enseñanza con computadoras y el otro una orquesta y un coro para niños.

Como ya habíamos hablado en varias ocasiones del tema, no podía creer que todavía le quedarán dudas. Esta vez me preguntó:

–¿Cómo sabes que las computadoras son buenas para los niños?

Me tomé mi tiempo para pensar. Nunca me había cuestionado el tema de esa forma.

–No se ha investigado lo suficiente todavía y no existen respuestas definitivas. Hay una gran división entre los defensores de la tecnología y sus detractores. No puedo decirte qué es lo que debes hacer.

Aquella noche mientras acostaba a Alex le pregunté por enésima vez:

–¿Estás seguro de que no quieres aprender a tocar un instrumento?

–No –respondió–. Has estado hablando con otras madres sobre tu libro de nuevo.

–Sí –admití.

Negó con la cabeza, suspiró y se quedó dormido.

Julie, madre de Jake, 8 años

Si hubiera podido firmar una petición diciendo que no quería que mi hijo empezase a usar computadoras a esta edad, lo habría hecho. Pero sabía que me odiaría por ello.

Los niños y las computadoras

Alan C. Kay, *Ph. D.*, antes miembro de *Apple Company* y fundador de *Xerox Palo Alto Research Center*, es el vicepresidente de *Creative Technology* en *Disney Imagining*.

Maria Montesorri, una de las más agudas investigadoras del desarrollo de los niños y una de las mayores influencias de Jean Piaget (conocido por su pionero trabajo sobre el desarrollo de la inteligencia del niño), señaló que los niños conocen el mundo que les rodea de forma natural a través del juego.

Por ello, si queremos que crezcan en el siglo veintiuno tenemos que darles juguetes del siglo veintiuno y su correspondiente ambiente para que jueguen con ellos, no forzarles a una especie de caricatura de clases universitarias.

Piaget y otros educadores como John Dewey, Lev Vygotsky y Jerome Bruner coincidieron con ella en señalar que la tarea principal de los estudios sobre la infancia en el siglo xx era ir más allá del desarrollo del sentido común de la sociedad tradicional para alcanzar el «anti sentido común», que proporciona el contexto y la heurística (técnicas de resolución de problemas) para afrontar con ideas modernas la relación con el mundo, incluidas las ciencias y el gobierno.

Una importante conclusión obtenida a partir de la atenta observación de los niños es que no son «adultos imperfectos que necesitan que alguien venga y los arregle», sino que sus procesos mentales, durante su desarrollo normal, son bastante diferentes del pensamiento del adulto y, especialmente, que hay ciertos tipos de pensamiento adulto que es imposible para niños muy pequeños.

La forma en la que Bruner ha explicado esto se ha mantenido durante cuarenta años: tres de las formas principales que tenemos de conocer el mundo son el resultado de la interacción física, las percepciones visuales y auditivas, y las representaciones simbólicas y lógicas. Los niños y los adultos participan de las tres, pero la mayor parte de los niños están dominados por las interacciones físicas que forman la base para futuras percepciones figurativas y de pensamiento, que, a su vez, formarán la base del pensamiento simbólico futuro.

Piaget pensaba que un niño que estaba en la etapa visual tenía que razonar en su mayor parte con un criterio visual, pero Bruner demostró convincentemente que los niños que no tenían información visual sobre la situación podían pensar bastante bien (¡y de manera diferente!) sobre ella usando el lenguaje y la lógica.

Una buena regla de oro de estos pensadores referida al desarrollo del conocimiento humano es que primero se intentan conocer las cosas empezando por las interacciones físicas, las visuales y otras representaciones figurativas, para después capturar las ideas en lenguaje simbólico, especialmente en forma matemática.

Una aplicación simplista de esta regla nos llevaría a pensar que los niños de esta edad hacen cosas sólo en la esfera de lo físico. Pero una visión más relajada del desarrollo apreciaría que los niños también pasan mucho tiempo aprendiendo a hablar los unos con los otros, escuchando historias, representándolas, inventándolas, mirando dibujos en los libros, intentando leerlos, intentando escribir sus nombres y demás. En realidad, todo está interrelacionado. Probablemente, una buena forma de aplicar estas ideas sería estimulando al niño en distintos aspectos desde el principio, pero asegurándose de que hubiese la suficiente actividad física en la etapa más temprana del desarrollo que lleva a la figurativa, que a su vez conduce a lo simbólico y así sucesivamente.

Algo que hay que tener también en cuenta es que los niños son esencialmente artistas, esto quiere decir que su motivación real está conectada a la satisfacción emocional de crear. Como dijo Cesare Pavese: «Para conocer el mundo, uno debe construirlo».

Tener esta idea como punto de partida para fomentar el desarrollo del niño nos lleva a pensar que la televisión debería estar fuera del alcance de los niños durante muchos años. Una forma de entender cómo se relaciona la televisión con el ser humano es viéndola como una especie de prótesis de imagen y de pensamiento. Y todos sabemos que si se pone una prótesis a un miembro sano, éste enfermará.

Las computadoras plantean problemas más complejos en parte porque pueden imitar otros instrumentos de comunicación a la perfección. Lo dicho sobre la televisión anteriormente también es aplicable a las computadoras cuando se usan para mostrar contenidos de una forma parecida a la televisión. Además, los efectos del uso de computadoras son más difíciles de evaluar porque casi nadie entiende de veras cuál puede ser su alcance, incluidas personas que son usuarios avanzados de las mismas y defienden su uso.

A comienzos del siglo veintiuno, la computadora ganará en interés e importancia cuando empiece a ser utilizada como una suerte de libro dinámico capaz de representar la clase de ideas que pueden ser expresadas en los libros pero en un lenguaje mucho más vivo. Lo que quiero decir es que todo lo que nos parece fundamental en relación con la lectura, la escritura, la filosofía, la ciencia, las matemáticas y la política puede ser reproducido a través de las computadoras de una forma mucho más expresiva que en los libros: las compuadoras pueden contener los mejores libros de todos los tiempos e ir incluso más allá.

Nuestra sociedad no está muy preocupada (y probablemente tampoco deba estarlo) por el uso serio de los libros en la educación infantil, pero tampoco disponemos de una forma de introducir este uso de los libros a los niños a medida que se hacen mayores. Pienso que la mayor parte de la gente coincidirá conmigo en que es bueno disponer de libros en esta etapa de la educación infantil pero que no se debe forzar a los niños a que los lean. Los niños necesitan que los adultos les lean de manera que puedan desarrollar el sentido del romance y del misterio que las buenas historias conllevan. La exposición a la lectura hará que el niño quiera leer. Cuando los padres leen en alto para los niños o disfrutan ellos mismos con la lectura, los niños comienzan a establecer una relación entre lo escrito y lo hablado.

Montesorri demostró una gran inteligencia al crear sus materiales pedagógicos para leer y escribir, incluido su famoso alfabeto en papel de lija que ayuda a que el niño aprenda las letras a través de la interacción física. Yo mismo y otros como yo hemos experimentado con periféricos táctiles, como un ratón que te permite sentir lo que hay en la pantalla a medida que desplazas la mano sobre él. De esta forma, las ideas de Montesorri, Piaget y Bruner pueden ser puestas en práctica con niños muy pequeños.

Hay un montón de razones que nos permiten pensar que muchos de los principios que aplicamos al uso de libros con niños son también aplicables a las computadoras. Por ejemplo, nos debería preocupar el contenido de un libro, pero si éste es recomendable, no nos debería inquietar que el niño pase horas enfrascado en su lectura. Lo ideal es que los niños sean autores y consumidores a la vez. Los niños necesitan empezar con historias pero deberíamos gradualmente ayudarles a desarrollar habilidades como lectores y autores de otros tipos de escritos, como textos en los que se explica un concepto, por ejemplo. Por último, es siempre conveniente que los niños vean que a su alrededor hay libros.

Está bastante claro que la mayor parte de las casas y de los colegios actuales no están preparados para hacer un uso constructivo de las computadoras. Puede incluso llegar a decirse que existe una gran diferencia entre el adulto con unas habilidades medias como lector y aquél que empieza a manejarse en el mundo de las computadoras. Hoy en día y de cara a los niños es de más ayuda el primero como lector que el segundo. Y, de hecho, en la mayor parte de los casos el uso que se está haciendo de las computadoras, al igual que de la televisión, es perjudicial para los niños.

Para mí, la diferencia principal entre las computadoras y la televisión radica en que el mundo estaría mejor sin la televisión. Sin embargo, con las computadoras, al igual que con los libros, la lectura y la escritura, necesitamos hallar formas de entender y enseñar sus grandes potencialidades. Una de las tareas para el futuro es diseñar una computadora específica para niños a través de la cual puedan aprender en el siglo XXI.

Star, madre de Donovan, 6 años, y Jimi, 15

En nuestro colegio los niños aprenden a construir cosas con madera, a cuidar de las plantas y de los animales. ¿Qué pienso sobre la tecnología? Intento no acordarme de ella.

Computadoras sí, computadoras no

Jane M. Healy, *Ph.D.* y psicóloga educacional es la autora de *Failure to Connect: How Computers Affect Our Children's Minds—and What We Can Do About It* y *Endangered Minds: Why Children Don't Think and What Can We Do About It.*

¿Son las computadoras buenas para los niños en la educación infantil?

En determinadas circunstancias las computadoras pueden ser útiles. Por ejemplo, en el caso de niños con necesidades especiales, las computadoras pueden ofrecerles grandes ventajas. Pero, en general, soy muy escéptica sobre la conveniencia de que los niños las usen antes de los siete años. Entre los cinco y los siete años, el cerebro experimenta cambios muy rápidos en los cuales afianza lo aprendido en los primeros años de vida y se prepara para el tipo de aprendizaje más abstracto y simbólico que viene a continuación. De cara a desarrollar una base sólida, los niños de cinco años necesitan todavía mucho aprendizaje físico. Esto requiere contacto con el mundo real, experiencias tridimensionales, no sentarse a mirar una pantalla bidimensional. Más aún, estas edades son especialmente críticas en lo que se refiere al desarrollo del lenguaje y al de las habilidades sociales. Como el uso de computadoras resta tiempo de estas actividades, se pone en peligro el aprendizaje futuro y el desarrollo personal. Y esto es aplicable tanto al colegio como a la casa.

Donald, padre de Mark, 6 años

Las computadoras son el invento más apasionante desde el automóvil. Nuestros hijos tienen la posibilidad de comunicarse con niños de todo el mundo. No puedo imaginar los motivos que alguien puede tener para querer desanimarnos sobre su uso.

¿Qué es lo que los padres deberían buscar en un plan de estudios que incorpore el uso de computadoras en este nivel?

En primer lugar, los padres deberían buscar un currículo que o bien no incluya el uso de computadoras o bien, si las incorpora, no sean lo principal del programa, en el que debería hacerse hincapié en el desarrollo de las habilidades de lenguaje, las sociales y las experiencias tridimensionales. En segundo lugar, deberían buscar profesores que entendiesen por qué usan una computadora y la manera en que esto enriquece su labor, en lugar de incluirlas sin más. En tercer lugar, deben estar seguros de que se toman las precauciones necesarias, ya que sin ellas las computadoras pueden ser muy perjudiciales tanto para los ojos como para la salud física en general de los niños. En cuarto lugar, deben asegurarse de que su hijo está dispuesto a embarcarse en otras actividades como jugar con los otros niños, hacer manualidades, bailar o desarrollar sus habilidades musicales.

En otras palabras, lo que hay que buscar es que tanto el profesor como el niño sean los que controlen el proceso de aprendizaje, no las computadoras. Hasta ahora, las distintas investigaciones llevadas a cabo no han sido capaces de demostrar que el uso de computadoras suponga ventajas en esta edad. Pocas evidencias justifican el tiempo y el dinero que se está gastando. En el caso de niños mayores la situación es diferente y en esto sí que habría que gastar más.

¿Qué debería preocupar a los padres en relación con el uso de computadoras?

Se corren dos riesgos principalmente al exponer a los niños a este tipo de tecnología demasiado pronto. Uno de ellos es restar tiempo al cerebro de poder ocuparse de otras cosas que son más beneficiosas, por ejemplo, el desarrollo intelectual, el de uno mismo y las habilidades personales. El segundo es que un *software* no apropiado, juegos o un uso inapropiado de Internet, puede crear hábitos erróneos de aprendizaje en el cerebro. Debido a que las computadoras suelen devolvernos una única solución como válida, se puede crear la impresión de que sólo existe una única solución a cualquier cuestión, lo que es de todo punto erróneo. Más aún, demasiada estimulación visual que no vaya acompañada de la reflexión necesaria puede alterar el desarrollo de las habilidades del lenguaje. El niño se acostumbra a sentarse, a pulsar botones y mirar cosas, en lugar de usar su mente de manera activa para descubrir cómo hablar sobre un tema determinado. Esto puede afectar la comprensión social y escrita más tarde.

¿Qué sugerencias tienes para el uso de las computadoras en casa?

- A esta edad tu hijo no debería pasar más de media hora delante de la computadora.

- Piénsalo bien antes de comprar una computadora para un niño de menos de siete años. En mi opinión están mejor sin ellas.

- Si hay una computadora en casa, es seguro que los niños de esta edad van a querer jugar con ella, pero no convertiría la computadora en su único juguete.

- Ningún niño de cinco años debería tener una computadora en su habitación. Ponla en un lugar donde puedas controlar en todo momento lo que tu hijo hace con ella.

- Cuando tu hijo está utilizando la computadora, deberías sentarte junto a él para participar de esa experiencia. Si no te sientes preparado, no te preocupes, puedes aprender mucho simplemente mirando. No te despreocupes del niño porque esté en la computadora. Las computadoras no son canguros y, a menos que se usen correctamente, pueden hacerle más daño que la televisión.

- Si no sabes nada de computadoras, tu hijo y tú podéis aprender cosas juntos.

- Presta atención a cualquier uso que tu hijo haga de Internet, a menos que estés ahí para cerciorarte de lo que ve y hayas revisado previamente las páginas que va a visitar.

- Habla con tu hijo del mundo de las computadoras. Los niños de esta edad tienden a pensar que las computadoras son más inteligentes que las personas y que si las computadoras les dicen que hagan una cosa deben hacerla. Empezaremos desde el principio diciéndoles que las computadoras son simples herramientas al servicio de los seres humanos.

- Tu tarea como padre es asegurarte de que tu hijo desarrolle todas sus potencialidades, que el uso de la computadora no interfiera con otras actividades y que tu hijo tenga tiempo de sobra para ejercitar su cuerpo y jugar de manera imaginativa. Aunque las computadoras pueden ser muy divertidas, debes conseguir apartar la mente y el cuerpo de tu hijo de ellas, ya que no son lo más apropiado para estas edades.

Walter, padre de Peter y Darlene, ambos de 7 años

Si los padres y los profesores limitan el tiempo de uso de las computadoras, ¿dónde está el problema?

Conocimiento del medio

Si el conocimiento del medio enseña a los niños a vivir juntos, entonces debería ser considerada la asignatura más importante de todas.

Tom, padre de Harry, 8 años, y Fray, 10.

Recibí una llamada de mi amiga Gabby de Idazo:

–Lukas acaba de recibir su primer boletín de notas.

–Estupendo –le respondí.

–Le han puesto un «a veces» en una asignatura con el siguiente comentario: «Comprende y resuelve los problemas. Se vale de formas distintas para obtener información. Aplica lo aprendido a las situaciones nuevas».

–¿Qué asignatura es? –le pregunté.

–¿No te suena?

–No sé. ¿Cómo puedo adivinarlo?

–Porque durante los últimos seis años Alex ha tenido esa clase.

–¡Me rindo! –exclamé.

–Conocimiento del medio.

–Tiene sentido.

–¿En qué crees que consiste el conocimiento del medio?

–Ya sabes que hasta me cuesta definir las ciencias –le respondí.

–¿Qué aprendió Alex en esta asignatura?

–No tengo ni idea. ¿Qué está aprendiendo Lukas? –le pregunté.

–¿Cómo puedo decírtelo si ni siquiera sé lo que quieren decir con conocimiento del medio?

–¿Por qué no le preguntas a su profesor?

–Porque no quiero parecer una tonta. ¿Qué pensaría de mí si le dijera que cursé conocimiento del medio en el colegio y no tengo ni idea de en qué consiste?

–¿Qué tienes algún tipo de necesidad especial? –le pregunté. Ni se inmutó.

–Pregúntale a tu madre. Después de todo, tú tienes cuatro hermanos. A lo mejor se acuerda.

–Ya lo he hecho y nada, no sabe.

–Míralo en un diccionario.

–Lo he hecho. El *Webster´s New World College Dictionary* dice, y cito: «Un tipo de estudios especialmente en primaria y secundaria que incluye historia, educación cívica y geografía».

–Y, ¿cuál era tu pregunta?

–¿Por qué a Lukas le ponen un «a veces» como calificación? ¿Significa eso que a veces piensa que vivimos en Idaho y otras piensa que estamos en Georgia? ¿A veces piensa que nos gobierna un presidente y otras una reina? ¿A veces cree que somos ciudadanos de los Estados Unidos y otras que lo somos del estado de Bali?

–He oído que Bali es un destino turístico estupendo.

Como Gabby no se reía, le pregunté:

–¿No piensas que a lo mejor estás exagerando?

Se quedó callada un momento y me dijo:

–¿Tú crees?

–Si Lukas hubiese obtenido un «siempre» en esta asignatura, ¿te hubieras preocupado tanto?

–Por supuesto que no –dijo y por fin nos echamos a reír las dos.

Toby, madre de Ernie, 7 años, y de Leon, 9

El conocimiento del medio tiene una gran importancia, debido a que nuestra población escolar está compuesta en gran medida de inmigrantes. La educación infantil es un buen momento para comenzar con su proceso de integración.

Aprender de los demás

Ésta es una versión abreviada de «Social Studies for Early Childhood and Elementary School Children: Preparing for the 21st Century», una declaración de intenciones del *National Council for Social Studies.*

¿Cuáles son los objetivos de los estudios sociales en la educación infantil?

Los años que el niño pasa cursando la educación infantil son importantes porque durante ellos se desarrolla la base sobre la que se construye todo el programa de conocimiento del medio.

Los conocimientos, las habilidades y las actitudes necesarias para una participación informada y seria en sociedad requieren un programa desarrollado sistemáticamente que se centre en conceptos que van de la historia a las ciencias sociales.

● **Los conocimientos.** Los estudios sociales proporcionan un sentido de la historia, un sentido de la existencia en el pasado así como en el presente y, en definitiva, de lo que es estar en la historia. Aunque a algunos niños les resulta difícil comprender el concepto de tiempo, es necesario que comprendan de qué manera se ha llegado a la situación presente, a la vez que desarrollan un aprecio por la herencia de su país.

- **Las habilidades.** Las habilidades necesarias para el conocimiento del medio son las relacionadas con la interpretación de mapas y globos terráqueos, como, por ejemplo, comprender y usar términos de orientación y localización como latitud y longitud. Las habilidades que son compartidas por otras secciones del currículo, pero que se enseñan mejor a través de los estudios sociales son:

  - Las habilidades de comunicación como la expresión oral y escrita.

  - Las habilidades investigadoras como la acumulación, la organización y la interpretación de datos.

  - Las habilidades de pensamiento como formular hipótesis, comparar y llegar a conclusiones.

  - Las habilidades en la toma de decisiones como pueden ser considerar las posibles alternativas y sus consecuencias.

  - Las habilidades interpersonales tales como comprender el punto de vista de los demás, aceptar responsabilidad y manejar las situaciones conflictivas.

  - Las habilidades de lectura como leer e interpretar imágenes, libros, mapas, tablas y gráficos.

- **Las actitudes.** Los primeros años son ideales para que los niños comiencen a entender los valores y las normas de la democracia, especialmente en términos de entidades sociales pequeñas como son la familia, la clase y la comunidad.

Aunque no es algo exclusivo del conocimiento del medio, los niños pueden lograr un concepto positivo de sí mismos a través de la comprensión de las similitudes y las diferencias entre las personas. Los niños deben comprender que, aunque son únicos en sí mismos, también comparten muchos sentimientos e inquietudes similares a las del resto de niños de su edad. Necesitan entender que como tales individuos que son pueden contribuir a la sociedad.

Patty, madre de Chuck, 7 años, y Nalsey, 9

En lo que a mí concierne, si los niños a través del conocimiento del medio aprendiesen la importancia del voto, nuestro sistema tendría más futuro.

¿Qué criterio habría que seguir a la hora de planificar un programa de conocimiento del medio?

Lo primero de todo es tener en cuenta que los niños llegan al colegio procedentes de muchas circunstancias socioeconómicas y culturales diferentes. Llegan con valores, experiencias y estilos de aprendizaje diversos y con distintos sentimientos sobre los demás y lo que les rodea.

La mayor parte de los niños de cinco años pueden combinar ideas simples en relaciones más complejas. Tienen una capacidad memorística en crecimiento y unas habilidades motoras excelentes. Les interesan los aspectos funcionales del lenguaje escrito tales como reconocer palabras significativas y ser capaces de escribir sus nombres. Necesitan un ambiente rico en materiales escritos que les sirva para desarrollar sus capacidades lingüísticas y literarias en contextos significativos. También necesitan gran variedad de experiencias cognitivas, físicas, emocionales y sociales. Como los niños de cinco años llegan al colegio teniendo interés en la comunidad y en el mundo que hay fuera de su casa, el currículo puede extenderse más allá de las experiencias inmediatas de sí mismo, del hogar y de la familia.

Los niños de seis años aprenden de una manera muy activa y demuestran tener una habilidad verbal considerable. Les interesan los juegos y las normas y desarrollan conceptos y habilidades de resolución de problemas a partir de esas experiencias. Las actividades de tipo práctico y la experimentación son muy necesarias para este grupo.

Los niños de estas edades se hacen más conscientes de la perspectiva social. El enfoque del programa de conocimiento del medio en la relación entre la gente y su entorno deriva de la creencia de que los niños necesitan comprender tanto su categoría como ser único como la relación que mantiene con el mundo. Los juicios sociales también implican que al niño le vaya bien tanto en casa como en el ambiente escolar. Los estudios demuestran que la forma en la que el niño desarrolle estas relaciones va a determinar que sean más o menos abiertas durante los años que dura la educación infantil.

También se forma durante estos años un concepto positivo de sí mismo, algo muy importante para un juicio positivo de las interacciones sociales. Determinados ambientes en la clase determinan la manera en la que el niño va a manejar estas interacciones. Los profesores que parecen disfrutar con la enseñanza, que interaccionan bien con los alumnos, capaces de tomar decisiones en grupo y que fomentan interacciones alumno-profesor positivas contribuyen a un mejor concepto de sí mismo por parte del alumno.

¿Qué podemos aprender del conocimiento del medio?

La sociedad se caracteriza por los cambios sociales y tecnológicos rápidos. La habilidad de nuestra cultura para orquestar cambios frecuentemente sobrepasa su capacidad para reflexionar sobre las ramificaciones de lo que se ha hecho. ¿Están nuestros hijos desarrollando las habilidades necesarias para absorber la nueva información en relación con este superávit de información?

Cuando abandonan la clase, muchos de los alumnos no lo hacen para regresar a su casa sino que acuden a otros centros donde se relacionarán con otras personas. Casi todos los niños pasan más horas viendo la televisión cada semana que el tiempo que dedican a realizar otras actividades aparte de dormir. Sentados mirando la televisión de manera pasiva, son bombardeados con multitud de mensajes. Reciben información puntual e inconexa sobre la guerra, los sin hogar, los crímenes y la política. ¿Están adquiriendo algún tipo de estructura que les permita digerir esta información? Las cadenas de televisión comercial ven a los niños como una fuerza económica más y les presionan para que tomen decisiones como consumidores. ¿Aprenden los niños a evaluar estos mensajes? Hace falta plantearse este tipo de preguntas.

Imagínate una clase de educación infantil en uno de los miles de sistemas escolares de los Estados Unidos. ¿Cómo experimentan los niños el mundo? La clase es un espejo de la sociedad con sus diversas etnias, religiones y estratos socioeconómicos. ¿Aprenden los niños las estructuras necesarias para aceptar y apreciar la diversidad en esta etapa tan crítica de cara al desarrollo de sus futuras actitudes vitales? El mero contacto con la diversidad, sin una verdadera comprensión de la misma puede intensificar el conflicto. ¿Refleja la clase verdaderamente la sociedad en este sentido? Los padres y los profesores deben de ser conscientes de todos estos temas.

Frank, padre de Frank Jr., 6 años, y de Devon, 9

A medida que todo el mundo se hace más consciente de aspectos relativos a las matemáticas y las ciencias, incluso en la educación infantil, se olvidan de que el conocimiento del medio ayuda a que sus hijos aprendan sobre el mundo en su totalidad. Cuando mi hijo vio por primera vez un globo terráqueo, se quedó impresionado.

Currículo

*Vivimos un tiempo altamente tecnológico. Si nuestros
hijos no empiezan a aprender más matemáticas
y más ciencias, no podrán ser competitivos.*

Jerry, padre de Lewis, 7 años, y Kristin, 9.

–¿Cuáles son las últimas tendencias sobre el currículo? –le pregunté a mi amigo David. Somos amigos desde hace años. David tiene tres hijos y el más pequeño, Erin, acabó hace poco los ciclos de la educación infantil.

–Propiciar a través del proyecto curricular del centro una enseñanza apropiada para el desarrollo del niño –me dijo, mientras se encogía de hombros–. Unidades didácticas integradas. Niveles de aprendizaje generales pero complejos.

–¡Caramba! –le contesté.

–¿En qué consistía el currículo cuando estabas en educación infantil? –me preguntó David.

–No usábamos la palabra currículo, pero supongo que era más o menos lo mismo.

–¿Jugabais, aprendíais canciones, pintabais, escuchabais cuentos y dormíais la siesta? –me preguntó con una sonrisa.

–Mi colegio era más sofisticado –le respondí. Serrábamos.

–¿Serrabais? –me contestó muy sorprendido.

–Sí. Pensábamos en un proyecto, tomábamos las medidas, cortábamos las piezas y las clavábamos.

–¡Las clavabais!

–Éramos muy precoces.

–¿Qué hacíais? –me preguntó David.

–Un camión.

–¿Cómo te puedes acordar después de todos estos años?

–Mi madre lo guardó. Es muy gracioso. Parece una tienda india sobre ruedas.

–¿Cómo es que parece eso? –replicó riéndose.

–No sabía cómo cortar los paneles del camión de manera que fueran iguales. Tuve problemas clavándolos, así que acabé por pegarlos con cola y se vinieron abajo.

–Increíble –dijo–. ¿Destrozó tu autoestima?

–Por supuesto que no. Me daba cuenta de que a cada uno se le daban mejor unas cosas que otras. Unos eran más habilidosos midiendo. Otros eran más artísticos. Otros se movían, tenían más habilidades manuales.

–¿Tú sola te diste cuenta de todo eso a esa edad? –me preguntó sorprendido.

–Por supuesto que no. Me di cuenta veinte años más tarde en terapia.

Los dos nos echamos a reír.

–Hoy en día los padres están más preocupados por el propósito curricular del área –dijo David–. ¿Hay resultados cuantificables? ¿Tiene que ver con una unidad didáctica como «los medios de transporte»? ¿Ha aprendido el niño algo nuevo, por ejemplo, matemáticas, al haber aprendido a medir? ¿Ha desarrollado su sentido de la estética, el espacial o el mecánico? Todo esto está bien hasta cierto punto, pero creo que se exagera.

–Estoy de acuerdo. De todas formas, ¿cuántos camiones puede construir un niño? Dormir la siesta era aburridísimo. Teníamos jornada partida, así que nos daba la impresión de que volvíamos a dormir poco después de habernos levantado.

–¿Aprendiste algo en esa etapa?

–Sí. Aprendí que clavar puntas y cortar tablas es divertido aunque no sea mi fuerte. Puede decirse que fui una aprendiz de carpintero.

David asintió.

–¿Sabes lo que diría un grupo de evaluación curricular sobre tu camión?

–¿Qué?

–Que no era una actividad bien elegida. No era apropiado para tu grado de desarrollo utilizar una sierra. Además era discriminatorio porque no daba a todos los niños la oportunidad de poder tener resultados.

–Sin duda alguna. Tienes toda la razón. Pero crecimos en épocas diferentes. Nuestros profesores tenían expectativas distintas a las de ahora.

–¿Cómo por ejemplo? –me preguntó David.

–Querían que aprendiéramos mediante la experiencia. Nos enseñaron a ir al baño en parejas. Éramos capaces de hacer toda clase de cosas con la arena y aprendimos a compartir. También aprendimos un montón de canciones e hicimos muchísimos amigos.

–¿Un tipo como Robert Fulgham?

–Exactamente, pero creo que él debió de aprender más o al menos lo supo expresar mejor. *All I Really Need to Know I Learned in Kindergarten* fue un éxito de ventas durante años.

–Así que, a pesar de todo, piensas que tu experiencia fue positiva.

–Sí, por ejemplo, aprendí a trepar por las espalderas del gimnasio más rápido que nadie.

–¿Cómo? –dijo perplejo.

–¿Acaso no es obvio?

–No.

–Lo del gimnasio no es más que una metáfora para referirme a la vida. Los que son capaces de trepar más rápido son los que antes llegan hasta la cima, los que antes triunfan.

–Corta el rollo –dijo riéndose.

–Te lo has tragado –le dije con una mirada pícara.

Arlene, madre de Mary, 6 años, y Holden, 8

¿A quién le importa que la educación infantil esté orientada a lo académico o no? Los buenos profesores siempre han sabido cómo motivar a sus alumnos.

Aproximación integrada al aprendizaje

Carol Meyer, *Ed.D.*, es la directora de *Central Kindergarten Center*, un colegio con setecientos niños en educación infantil, en Eden Prairie, Minnesota.

Central Kindergarten Center ha puesto en práctica una forma de integrar el currículo en la clase.

En la programación de nuestro centro, cada niño puede disfrutar de la satisfacción de haber logrado hacer algo a través de actividades que implican su activa participación, bien a través de actividades que requieren que utilicen sus habilidades manuales, bien de otras en las que tienen que escribir, leer y comprender palabras adecuadas a su nivel.

Todos los niños de esta edad tienen la oportunidad de explorar el mundo de lo escrito. En la escuela, se les enseñan las letras y los fonemas. Sobre esto se volverá a insistir a lo largo de esta etapa. Los alumnos hacen ejercicios de aproximación a la lectura y la escritura cuando escuchan o leen literatura de calidad y aprenden las letras y los fonemas en un contexto significativo que les permite relacionarlos.

El programa se basa en la práctica. Los niños aprenden haciendo cosas. Cocinan, representan pequeñas obras de teatro, cantan, coleccionan cosas, dibujan, colorean y aprenden multitud de cosas a la vez que comienzan a leer y a escribir.

El profesor atiende a cada niño particularmente y ajusta la programación del trabajo a su ritmo. Por ejemplo, un niño puede estar ocupado buscando la letra *s* en un poema, mientras que otro puede estar leyendo el poema entero.

Todos los niños pueden así participar de las clases independientemente del nivel en el que estén.

Nuestro programa hace hincapié especial en la aproximación al lenguaje escrito. Los niños aprenden usando las letras del abecedario con alguna finalidad. En general, empiezan desde muy pronto a escribir por su cuenta, aunque los profesores comprenden que no todos los niños pueden estar al mismo nivel.

Lo que nos interesa es concentrarnos en las ideas propias del niño y en el proceso de escribir. Además de lo que ellos escriben, los niños participan dictando textos y ayudando a escribir historias para la clase.

Un currículo integrado como el nuestro ayuda a que los niños empleen todo aquello que aprenden en su vida diaria. Por ejemplo, cuando estudiamos la unidad que trata de las orugas, estudiamos su metamorfosis, el tipo de flores que atrae a las mariposas, vemos en un mapa sus hábitos de migración y escribimos e ilustramos un libro sobre jardines.

La programación en educación infantil está diseñada para conseguir que cada niño participe y encuentre satisfacciones en lo que haga independientemente de su nivel. Los niños continuarán aprendiendo conceptos y estrategias necesarias para convertirse en buenos estudiantes.

Pamela, madre de Lisa, 5 años

La mayor parte de los estados de Norteamérica tiene estándares curriculares que han de cumplir por cada curso. Me sorprende que no se informe a los padres cada vez que sus hijos pasan a un nuevo curso.

Paul, padre de Rafe, 7 años

Alcancé la mayoría de edad en los setenta y me pasé todo el tiempo previo a terminar la carrera jugando. ¿Por qué el currículo de mis hijos que hacen educación infantil debería ser menos divertido de lo que fue el de mi carrera?

Objetivos y contenidos de la educación infantil

Natalie Thomas ha sido profesora de educación primaria durante quince años. Enseña en *George H. Conley Elementary School* en Roslindale, Massachussets.

No existe ninguna regla que diga qué es lo que se debe aprender en el primer año de colegio.

Si cada unidad didáctica cumple con los siguientes criterios, los niños aprenderán tanto centrándose en «los medios de transporte» como si lo hacen en «los animales de una granja»:

- El tema de la unidad didáctica debe ser relevante, significativo y accesible a los intereses y las necesidades de los niños. Éstos deben tener tiempo de sobra para poder recopilar información de primera mano sobre la cuestión que se trate. En una ciudad, «los medios de transporte» son un tema más apropiado que «los animales de granja», a menos que los profesores estén preparados para llevarlos de excursión a una granja o traer animales a la clase.

- El contenido de la unidad debe ser presentado de una manera apropiada. Explicarles a los niños cómo funciona un motor diesel como parte del tema de «los medios de transporte» sería inapropiado para niños que necesitan ejemplos concretos para poder entender un concepto. Sin embargo, los niños pueden discutir porque todos los medios de transporte necesitan una fuente de energía (la fuerza de un animal, del agua, del viento o energía eléctrica) para poder moverse.

- La unidad didáctica debe servirle en la vida práctica al niño. Debe ser capaz de reconocer y aplicar conceptos, habilidades y actitudes en su vida cotidiana. Además, a través de la unidad se debe motivar el desarrollo de habilidades específicas.

- El motivo central de la unidad debe ser lo suficientemente amplio y complejo como para poder ofrecer diferentes niveles de conocimiento y de habilidades y motivar el uso de una variedad de recursos como pueden ser libros, materiales, personas y películas.

- Cada unidad debería motivar el descubrimiento de la existencia de diversas culturas, la interdependencia entre la gente y la vida en comunidad.

Lynne, madre de Kellie, 14 meses, Gail, 5 años, y Sean, 9

Espero al menos que los educadores que diseñan el currículo de educación infantil hayan pasado un tiempo con niños de estas edades.

Una buena mezcla

Lilian Katz es la directora de la *ERIC Clearinghouse on Elementary and Early Childhood Education* y profesora emérita en la Universidad de Ilinois en Urbana-Champaign.

Monty, padre de Robinson, 6 años, y Margaret, 9

La enseñanza con computadoras suele ser considerada como una asignatura aparte en lugar de estar integrada en el currículo. Me pregunto por qué será.

¿Se dirige la tendencia curricular actual hacia la integración de los contenidos académicos apropiados al desarrollo del niño en cada etapa de su educación?

Es difícil decir un «no» absoluto. Ayuda distinguir entre lo académico y lo intelectual, algo que mucha gente ignora pero que es fundamental. El desarrollo académico se centra en el aprendizaje por parte del niño de aquello que no puede descubrir por sí solo. Alguien tiene que ayudarle para que aprenda el alfabeto y a escribir. Algunos niños aprenden a leer y a escribir más fácilmente que otros, pero, en general, los niños necesitan ayuda de los adultos.

El desarrollo intelectual abarca las capacidades innatas del niño para comprender el mundo que le rodea, para comprender las relaciones entre causa y efecto. «¿Qué ocurre si hago esto? ¿Cómo de alta puedo hacer una torre con bloques?». En general, los mejores profesores son aquellos capaces de apoyar y motivar el desarrollo intelectual del niño.

En la educación infantil algunos niños están listos para un poco de trabajo académico. Muchos se lo pasan en grande aprendiendo a escribir y algunos están listos para empezar con la lectura. Casi todos están listos para lo que llamamos ejercicios de aproximación a la lectura y a la escritura: rimas y correspondencia entre las letras y sus fonemas. Así que la pregunta sería: ¿cuál es una buena combinación?

Si ignoras el desarrollo intelectual y te centras en actividades en las que lo que prima es el aprendizaje memorístico, muchos niños más adelante desconectan psicológicamente de lo que están haciendo. Mucha gente piensa que los ejercicios y las actividades ayudan a desarrollar las capacidades intelectuales de los niños, pero no es así. Las matan. Por otra parte, los programas de educación infantil en los cuales los niños se dedican exclusivamente a las actividades manuales son también intelectualmente insuficientes.

Durante algún tiempo he estado trabajando con profesores, ayudándoles a involucrar a los niños en proyectos que sirven para investigar la vida a su alrededor. Los niños están en realidad haciendo su propia investigación: formulan preguntas y entrevistan a gente. Si, por ejemplo, están estudiando el supermercado, entrevistan a los clientes y a los que trabajan allí. Analizan la información. Hay datos que apoyan la eficacia de este tipo de actividades y cómo sirven para propiciar el desarrollo de la predisposición intelectual natural del niño. Un ambiente académico que hace hincapié en ejercicios repetitivos no es mejor que el que se centra en las actividades plásticas.

Los niños en esta etapa necesitan una mezcla de elementos académicos e intelectuales. Una gran parte del trabajo intelectual se lleva a cabo mediante la atenta observación del medio natural: las cosas que crecen, cómo crecen y cómo no. Desde el punto de vista académico, los niños pueden verse beneficiados si se les anima a que escriban sus nombres, practiquen sus nacientes habilidades literarias escribiendo mensajes que han de dar a otros niños y desarrollen su capacidad matemática contando cosas para algún propósito en particular.

La evidencia sugiere que el daño de dar una excesiva importancia a lo académico no surge en la educación infantil, sino más tarde. Si se miran los resultados de los tests al final de esta etapa, se puede ver que los niños que han soportado una presión académica mayor son los que obtienen puntuaciones más altas. Pero un seguimiento de los mismos niños indica que en segundo y tercero de primaria suelen situarse por detrás porque ya han tenido suficiente.

Como les he dicho a los padres de mis nietos, buscad un centro de educación infantil que no sea sólo una mera introducción a lo académico, ni tampoco en el que todo sea jugar. El aprendizaje tiene sentido cuando el niño tiene que poner en práctica sus habilidades y se le anima a ocupar su mente en algún tema con una cierta profundidad.

Holly, madre de Jared, 5 años

No estoy segura de comprender el propósito de tener un currículo estructurado para niños de cinco y seis años.

Directores

Nuestro centro tenía mala reputación hasta que llegó la nueva directora. En dos años ha hecho cambios muy significativos.

Jared, padre de Andy, 6 años, y Parker, 10

Nunca había entendido bien cuál era la tarea del director hasta que Alex empezó a ir al colegio. Puedo recordar el nombre de cada profesor que tuve en el colegio, pero no tengo ni idea de cómo se llamaban ninguno de los directores. Lo mismo le sucede a mi amiga de la infancia Melissa. Ella asegura que esto se debe a que los únicos niños que se sabían el nombre de la directora eran los que se portaban mal.

–Si pudiéramos encontrar a Bobby, Ronnie, Mitch o Loraine (cuatro de los cabecillas de nuestra clase), nos enteraríamos de su nombre –dijo Melissa.

Me reí.

–Me pregunto si continuarán metiéndose en líos como antes.

–¿Quién sabe? Lo que sí es verdad es que lograron tener mucha atención individualizada en el colegio. Piénsalo por un momento. Deben haber visto a la directora casi semanalmente y nosotros no recordamos ni siquiera su nombre.

–Siempre pensé que su nombre era *la directora* –dije bromeando–. La única vez que oí hablar de ella fue cuando un profesor me dijo: «Si haces eso una vez más, te mando a la directora».

Nos volvimos a echar a reír. La razón por la cual Melissa y yo hablábamos sobre el tema era que yo me preguntaba por el papel que jugaría el director del colegio de Alex en su vida y en la nuestra. Bernie y mis amigos que tenían a sus hijos en primaria decían que la directora, en su caso era una mujer, era una especie de presidente. Los valores que promueve tanto a través de sus actos como de sus palabras son los que dan su carácter al colegio. Su esencia misma (quién es, qué le preocupa, qué prioridades tiene, los criterios por los que se rige a la hora de contratar al personal, lo que espera de los niños, de los profesores y de los padres) determina que el colegio funcione o no.

En la presentación del curso, la directora de nuestro colegio había estado impresionante. El primer día de clase sus palabras, su manera de expresarse, su forma de ejercer la autoridad (aunque nunca de manera autoritaria), su pragmatismo y su capacidad para comprendernos a todos me sorprendió. También demostró un gran ingenio, algo que para mí marcaba toda la diferencia.

En las semanas y los meses siguientes, comencé lentamente a entender el alcance de su tarea. Desde el principio había reconocido sus cualidades personales, que habían logrado que todos nos sintiéramos contentos al haber elegido su colegio y seguros de que nuestros hijos serían bien atendidos. Ella estaba siempre ahí, a nuestro alcance, era amigable y muy simpática. Se sabía nuestros nombres y los de nuestros hijos, lo cual con setecientas familias no es tarea nada fácil.

Celebraba reuniones con todos los cursos en las que trataba temas relativos a los miedos de los padres, sus neurosis y ansiedades. La veíamos en las clases y en el patio. Iba a todos los actos del colegio, presidía las reuniones del colegio (el nuestro es un *charter school* dirigido por la directora, los profesores y los padres) y, lo que es más importante, siempre estaba disponible para hablar con los padres y los alumnos.

Esto es parte de lo que podíamos ver. Sabíamos que hacía muchas otras cosas; era la mentora de los profesores, la representante de nuestro colegio en el distrito y una innovadora en materia curricular. Era la defensora y el modelo de un nuevo sistema educativo que funcionaba.

Seis años más tarde, cuando me eché a llorar en la ceremonia de graduación del colegio de Alex no estaba segura de si era porque estaba absolutamente orgullosa de él (y de hecho lo estaba) o porque comprendí cómo echaba de menos a nuestra directora. Supongo que eran ambas cosas.

Darcy, madre de Rueben, 8 años, y Preston, 11

Da la impresión de que en los mejores colegios, los profesores y los directores forman un equipo muy fuerte.

El papel del director

Vincent L. Ferdinando, *Ph.D.*, es el director ejecutivo *de la National Association of Elementary School Principals.*

¿Qué impacto puede tener un director en los primeros años de colegio?

El director se encarga de todos los aspectos que tienen que ver con esta etapa, proporciona su liderazgo profesional a los profesores a la vez que trabaja para la comunidad, y en especial con los padres, para proporcionar un ambiente seguro en el que la educación de los niños esté asegurada. El tipo de liderazgo que proporciona el director crea el ambiente en el que tanto profesores como alumnos viven mientras están en el colegio.

¿Cuál es la esencia del trabajo del director?

El principal centro de atención del trabajo del director es estar seguro de que en el colegio hay un ambiente cómodo y agradable para los alumnos al igual que motivador para los profesores.

Él o ella han de ser capaces de crear un ambiente donde los alumnos puedan aprender y lograr buenos resultados a la vez que sentirse cómodos y seguros.

Por ejemplo, la transición al colegio puede ser traumática para los padres; los directores son conscientes del trauma que esto implica y harán todo lo que esté en su mano para hacerlo lo más fácil posible. Recuerdo con mucha claridad la primera vez que enviamos al primero de nuestros hijos al colegio. Se te pasa de todo por la cabeza. ¿Será éste un lugar adecuado para él? ¡Hemos hecho tantas cosas para intentar que creciera en un entorno lleno de amor y afecto! ¿Será el colegio capaz de darle todo eso? Todas esas cosas son importantes. El director debe estar ahí para ayudar en todo este proceso.

¿Qué tipo de relación mantiene el director con los niños, los profesores y los padres?

El director tiene una relación especial con cada uno de estos grupos. Para los niños, el director es la persona encargada de su bienestar a lo largo del tiempo que pasan en el colegio. Se le ve como la persona a la que acudir en busca de ayuda y apoyo si tienen algún problema en clase.

De cara al profesorado, el director está ahí para servirles de guía, apoyarles en su tarea docente y asegurarse de que cuentan con los medios necesarios para llevar su cometido a buen término.

En cuanto a los padres, el director es la pieza fundamental en la comunicación entre el colegio y el hogar. Los padres deberían considerar al director como alguien a quien pueden acudir en relación con cualquier tema que tenga que ver con el colegio y también para ponerle al corriente de cualquier suceso familiar que pueda estar afectando al rendimiento del alumno. De igual modo, el director tiene la responsabilidad de informar a los padres sobre cualquier tema que pueda estar afectando al alumno impidiéndole desarrollar al máximo todo su potencial.

¿Cuáles son las cualidades de un buen director?

Lo primero de todo es que el director ha de ser alguien que ame verdaderamente a los niños, alguien capaz de entender las necesidades que éstos tienen a lo largo de las diferentes etapas de su vida escolar, y que conozca la manera en la que los niños aprenden y se desarrollan. El director necesita ser una persona con la suficiente capacidad para comunicarse eficazmente tanto con los niños como con los padres. También ha de conseguir transmitir el liderazgo suficiente a los profesores tanto desde el punto de vista profesional como organizativo del centro, tratando de tener una participación activa en todo lo que se organice dentro de él.

¿Piensas que un buen director puede determinar la calidad del colegio?

No creo que haya ninguna duda al respecto. En mi trabajo como director de la *National Association of Elementary School Principals*, he visitado un buen número de colegios de calidad y nunca me he encontrado con uno en el que el director o directora no fuera un magnífico profesional.

Janie, madre de Benjamín, 7 años

Nuestro director apoya muchísimo a los profesores. En cuanto hay un problema, pide que los padres hablen con los profesores. Y sólo interviene cuando no se ha llegado a una solución.

Trabajar como director

Barbara Wong ha sido profesora de educación durante nueve años. Ha desempeñado también el cargo de directora durante trece años, dos de ellos en *Park City School* en Alhambra, California.

En mi experiencia, el trabajo de director incluye todo lo que uno se puede imaginar y más, de manera que uno acaba convirtiéndose en referente docente para los profesores, en la personificación de la autoridad del centro, en mediador en los conflictos que puedan surgir, en negociador, en mentor de los profesores, en tutor, en una especie de mago de las finanzas, supervisor de la higiene y limpieza de los baños, la oportunidad de las comidas, especialista en conseguir financiación, en una especie de animador, en cuidador, en vigilante, en examinador..., en definitiva, acabas por probar todas las facetas que permite la vida de un centro escolar, que son muchas.

Igualmente, también soy el punto de unión entre la asociación de padres de alumnos y el consejo escolar. Participo en las actividades escolares, les enseño a los padres actividades educativas que pueden hacer con sus hijos y asisto a reuniones en el ámbito local y regional. Trabajo en las clases con los alumnos, les leo, desarrollo su currículo, resuelvo los posibles conflictos que puedan surgir entre ellos y procuro ayudarles para que alcancen el nivel académico más alto posible.

Mi misión es hacer funcionar programas que hagan posible un ambiente de aprendizaje productivo y positivo, capaz de reconocer los logros y de fomentar las prácticas pedagógicas creativas y eficaces. Al llevar quince años como profesora, nueve de los cuales los he dedicado a la educación infantil, creo que soy capaz de aplicar en clase el sentido práctico que he acumulado sobre la vida y sus retos. A la vez, creo comprender bien las necesidades de los profesores y alumnos.

Fruto de los trece años que pasé como directora, sé que hoy en día sería mucho mejor profesora porque he tenido la oportunidad de observar a muchos educadores con talento a la hora de poner en práctica métodos y estrategias docentes.

Uno de los grandes retos que tengo es convertirme en un agente de cambio, responsable de la aplicación de una reforma educativa eficaz. También es un reto continuar manteniendo una actitud positiva y esperanzadora a pesar de las constantes críticas por parte del público y de los medios de comunicación. Pero soy una niña de los sesenta, así que claro que tengo esperanza. Cada día es completamente distinto al anterior. Los niños son la razón por la que cruzo la ciudad cada día hasta mi trabajo y, a pesar de los problemas, todos ellos están aprendiendo y se hacen cosas muy interesantes en sus clases.

Evelyn, madre de Kimberly, 8 años, y Traci, 14

Teníamos un director que no era nada del otro mundo, pero los profesores eran excelentes y los padres estaban muy involucrados. Sin embargo, el colegio no experimentó un cambio notable hasta que el director se retiró.

Disciplina

Como voluntaria en la clase, no diría que su profesora fuera demasiado estricta, simplemente era muy variable. Acabé atribuyendo esto a la inexperiencia.

Rachel, madre de Jessica, 7 años.

Si la paciencia es una virtud, los mejores profesores de educación infantil deberían ser considerados unos verdaderos santos. Después de haber visitado un buen número de clases, está claro que la filosofía actual se basa en usar el refuerzo positivo para el buen comportamiento en lugar de criticar lo que está mal hecho.

Un ejemplo típico era la clase de la señora Woo en un colegio privado. Los niños habían pasado la última media hora confeccionando el libro del día del Padre. Cuando habían terminado parte de la tarea, la señora Woo les pidió que pararan, dejaran los rotuladores encima de las mesas, las limpiasen y pusieran los libros en una mesa aparte reservada para ellos. Ahora tocaba sentarse a escuchar un cuento.

Había mucha actividad y parecía que todos estaban obedeciendo lo que les había pedido la profesora. Cuando algunos niños terminaron parte de la tarea, la señora Woo dijo: «Mirad lo bien que Nicole limpia su mesa. Veo que Jason, Skylar, Michelle y Hunter están haciendo un buen trabajo guardando sus rotuladores. Christopher se está sentando ya. Muy bien Christopher».

Por supuesto, estas alabanzas son una buena forma de reforzar un buen comportamiento y motivar a los niños que buscan aprobación. Pero la sutileza de este planteamiento parecía escapar a algunos pillos. Peter aprovechó la oportunidad para untar pegamento sobre su mesa. Jared dejó todas sus cosas tal cual y se fue todo contento hacia donde estaban el resto de sus compañeros. Amanda, a escondidas, continuaba pintándose las uñas con el rotulador negro. Estaba sorprendida de ver que estos niños no hacían ningún caso y me preguntaba qué haría la profesora.

Al mirar hacia la clase, el primero al que llamó la atención fue a Jared.

–Jared –le dijo calmada–, ¿no olvidas algo?

–No –respondió cabizbajo.

–Todavía puedo ver todas tus cosas encima de la mesa.

–Oh –exclamó sorprendido.

–Creo que lo mejor es que dejes el grupo y vayas a la mesa a guardar todas tus cosas. Por favor.

Jared, un novato en el arte de mentir, asintió, se puso rápidamente de pie, limpió su mesa y regresó minutos más tarde.

–Buen trabajo, Jared dijo la señora Woo.

Jared sonrió.

Peter era también presa fácil. La ayudante de la profesora le había dicho que fuera a por una esponja y toallas de papel para lavar y secar su mesa. Hizo lo que le habían dicho con rapidez y regresó al círculo donde estaban sentados sus compañeros.

Pero Amanda era otra cosa. Desafió a la ayudante de la profesora que le había pedido que se lavara las manos. Ignoraba a la señora Woo que la llamaba al orden para que hiciera caso de lo que le decían. De forma que se hizo un silencio total cuando la profesora dejó el libro que estaba leyendo sobre la mesa, se levantó de la mecedora y se acercó a Amanda, que ni se inmutaba.

Casi de manera instantánea, la ayudante había ocupado el puesto de la profesora para seguir leyendo mientras la señora Woo llevaba a Amanda al final de la clase para hablar en privado con ella. Lo siguiente que vi fue a Amanda en el fregadero lavándose las manos mientras la señora Woo la ayudaba a limpiarse las uñas. Cuando acabaron, la señora Woo sustituyó a su ayudante y, con Amanda sentada en su regazo, continuó leyendo.

Desconcertada ante este comportamiento, le susurré a la ayudante:

–¿Qué le dijo la señora Woo?

–Con Amanda –dijo la ayudante– es todo una cuestión de poner ciertos límites y avisar de las consecuencias si no se respetan. Necesita estar segura de que no podrá contigo y entonces probablemente haga lo que le pides. Además es muy importante para ella saber que la quieres a pesar de su mal comportamiento.

Maravillada de la complejidad de la situación, la inteligencia de la profesora al manejar la situación y dándome cuenta de la paciencia que hay que tener para saber responder así día tras día, tuve ganas de ponerme a llorar.

Disciplina para llegar al autocontrol

Pregunta a cualquier padre qué es lo más difícil de la educación de un niño y te dirá que lo peor de todo es la disciplina. Las reglas que no se cumplen, los berrinches, la falta de cooperación son algunos de los problemas con los que los padres y los profesores se enfrentan.

Queremos evitar que los niños hagan lo que no nos gusta o lo que sabemos que les puede hacer daño. Así que cuando los niños se portan mal, nos sentimos frustrados. Pero, ¿ayudan de verdad los castigos al autocontrol? ¿Aprenden a manejar los sentimientos fuertes o los problemas difíciles mejor si se les castiga?

La respuesta es un atronador «NO». Cuando se castiga a los niños lo que se hace es controlar su comportamiento mediante el miedo. En realidad no se respetan sus sentimientos. Se comportan exclusivamente en función del castigo o de la recompensa. El adulto sólo le dice lo que no puede hacer. Los niños al ser castigados de sienten humillados, esconden sus sentimientos, tienden a estar enfadados y a ser agresivos, no logran desarrollar un verdadero control de sí mismos.

A los niños verdaderamente disciplinados se les han enseñado alternativas positivas en lugar de decirles simplemente «no».

Se les enseña a ver cómo sus actos afectan a los demás. Se premia el buen comportamiento.

Los adultos establecen reglas simples y justas que siguen de manera consistente. Los niños que reciben este tipo de disciplina aprenden a compartir y a cooperar, son más capaces de manejar su ira, son más autodisciplinados, se sienten más eficaces y con mayor control sobre sí mismos.

Harry, padre de Max, 4 años, y Josh, 6

Cuando estaba en el colegio, mis amigos y yo sabíamos cuándo habíamos hecho algo mal por la reacción de nuestra profesora. Una noche, al acostar a mi hijo, me dijo que creía que había sido malo en el colegio aquel día. «¿Por qué?», le pregunté. «Mi profesora me dijo que pusiera los pies en el suelo», dijo. «¿Qué estabas haciendo?», pregunté. «Le había dado una patada a Sam», dijo, y se quedó dormido.

Líneas a seguir para conseguir disciplina en clase

Lawrence Balzer, *Ph.D.*, psicólogo infantil, es profesor de Psicología Aplicada en la Universidad de Nueva York. Es el autor de *Child Psychology: A Handbook of Contemporary Issues.*

Carolyn, madre de Eileen, 3 años, y Corby, 7

La profesora de mi hija era una «gritona» y mi hija estaba atemorizada. Los padres teníamos miedo de decirle algo porque no estábamos seguros de las consecuencias que tendría para los niños.

Conceptos de disciplina

- Enseña al niño a seguir ciertas rutinas y órdenes.
- Oriéntalos para que interaccionen de manera apropiada con otros.
- Motiva la autodisciplina con tu ejemplo y tu orientación.

Problemas comunes

- La separación de la familia.
- Hacer nuevos amigos.
- La ansiedad que acompaña el adquirir nuevos conocimientos.
- El aprendizaje de nuevas rutinas.
- La adaptación a un ambiente nuevo.

Soluciones eficaces

- Los niños deben saber lo que sus profesores esperan de ellos.
- Se les debe enseñar la manera de hacer las cosas.
- Necesitan que se les corrija cuando intentan cumplir con lo que se les ha encomendado y se equivocan.
- Se les ha de motivar.
- Han de recibir algún tipo de reconocimiento por lo que hacen bien.
- Las expectativas sobre ellos han de ser altas pero en consonancia con su edad y su nivel de desarrollo.
- La pérdida ocasional de privilegios puede servir como una forma de evitar comportamientos no deseados.

El papel de los padres

- Los padres deberían ser con regularidad invitados a asistir a las clases.

- Se les debería instar a participar en las excursiones y en las distintas actividades escolares.

- Deberían ser regularmente informados sobre cómo les va a sus hijos.

La estrategia de un profesor

Baso nuestra estrategia en la política de disciplina del colegio. Mi acercamiento es de tipo visual, utilizo la imagen de un panal y las abejas.

Cuando los padres visitan la clase siempre preguntan: «¿Qué significa que muevan su abeja de sitio?». Les explico que cada niño tiene una abeja con su nombre. Todas las abejas están en el panal. A lado del panal hay colores que representan las consecuencias de determinados comportamientos. El verde representa que el alumno pierde cinco minutos de juego. El naranja representa que se enviará una nota a casa. El rojo es una visita al director.

Cuando los niños se portan mal, tienen que mover su abeja fuera del panal hasta el amarillo y así sucesivamente. Al final del día, si la abeja de un niño sigue en el panal consigue una pegatina en su registro de comportamiento. Un niño que logra que su abeja permanezca toda la semana en el panal consigue un premio por la semana, se le trata de una manera especial y se pone su nombre en el pasillo.

Mary Lou, madre de Brad, 1 año, Barbara, 5, y Becky, 6

Pensaba que tenía paciencia hasta que conocí a la profesora de mi hijo. Verla tratar con sus alumnos ha sido más instructivo que ningún libro sobre el tema.

Educación bilingüe

El primer día de colegio, mi esposa y yo rellenamos la ficha de nuestro hijo y pusimos que en casa hablábamos inglés y español. Una semana más tarde, cuando fui a buscar a Marie al colegio, me sorprendió que a pesar de que habla inglés perfectamente, la habían colocado en el programa de «Inglés como segunda lengua». Me llevó unos cuantos días resolver este tema.

Santos, padre de Marie, 9 años.

Alex creció con Ramón, cuya madre, Carla, cuidaba de los dos niños tres veces por semana mientras yo escribía en mi estudio. Durante tres años, Alex y Ramón (cinco meses más pequeño que Alex) disfrutaron de su propia experiencia multicultural. Los niños hacían todo juntos: dormían la siesta, comían, jugaban... y, mientras tanto, Carla, que es bilingüe, les hablaba, cantaba y leía en ambos idiomas, inglés y español.

Cuando Alex empezó a ir a la escuela infantil, Carla comenzó a trabajar como interna para otra familia. De todos modos, seguíamos en contacto e intentábamos que los niños se vieran. Pocos meses después de que Ramón y Alex empezaran a ir al colegio (Ramón estaba en una escuela de su parroquia), Carla me llamó muy preocupada.

—A Ramón no le va bien en el colegio —me dijo verdaderamente afectada.

–¿Cómo puede ser? –le pregunté sorprendida.

–Le castigan todos los días.

–¿Por qué?

–No quiere hacer nada. Finge que no sabe hablar inglés –me explicó.

–Entonces, ¿por qué no le hablan en español? ¿Es que no hay otros niños de habla hispana?

–Sí, pero la profesora quiere que hablen en inglés.

–¿Pero no han oído hablar de la educación bilingüe? –le pregunté.

–¿Qué puedo hacer?

–Habla con el director. Dile cómo te sientes. Si no le deja hablar en español, busca otro colegio. Ramón se comporta así porque está enfadado.

–Lo sé.

–Carla, enviaste a tu hijo a ese colegio porque pensaste que sería más seguro que uno público y porque se ocupan de Ramón mientras tú estás en el trabajo, pero no creo que esté funcionando.

–Tienes razón.

–¿Cómo es el colegio público que viste?

–No sé. Es enorme. Los niños están… –por un momento dejó de hablar–. ¿Dónde le dejaría después de las clases? –me preguntó angustiada.

En aquel momento no sabía qué decirle. Tres semanas más tarde, ocurrió algo más. Ramón fue expulsado porque otro niño le había insultado en español y él le había respondido con un insulto peor en inglés. Pensé que aquello era de todo punto irónico. Ahora Ramón era castigado por hablar en inglés. La siguiente vez que Carla me llamó fue para decirme que Ramón estaba yendo a un colegio público, que no sólo ofrecía un programa de educación bilingüe sino que también ofrecía un currículo multicultural. Su cuñada, que tenía dos niños en casa, había accedido a quedarse con Ramón después de clase. Carla y yo sabíamos que esta vez a Ramón le iría bien. Y así ha sido.

Sakoto, madre de Rose, 1 año, Oscar, 3, y Hirotoka, 6

En nuestro colegio, muchos de los niños vienen de China, Japón, Vietnam y Corea. Aunque el objetivo es que aprendan inglés, ¿te puedes hacer idea de lo difícil que debe ser no sólo vivir en un país nuevo sino también tener que estudiar en un idioma distinto del tuyo?

Aprender inglés con éxito

Los derechos de autor de este texto han sido cedidos a través de *ERIC Clearinghouse on Rural Education*.

Aunque la educación bilingüe lleva implantada veinticinco años en el sistema educativo estadounidense, nadie comprende cómo funciona. La gente suele tener preguntas sobre la conveniencia de utilizar en clase la lengua que los alumnos usan diariamente en casa. Pero, ¿cómo van a aprender a hablar en inglés si se pasan todo el día estudiando en español? ¿No será perjudicial para su futuro desarrollo académico? En definitiva, es difícil saber lo que pasa realmente.

Enseñar a un niño exclusivamente en inglés puede acarrearle una gran frustración, pues quizás no pueda siquiera decirle al profesor cuáles son sus necesidades más básicas. Al mismo tiempo, tampoco podrá demostrar lo listo que es o las ganas que tiene de aprender. Lo único que el profesor ve es que no es capaz de hacer lo que hacen el resto de sus compañeros.

Por el contrario, los alumnos de las clases bilingües se sienten cómodos, están inmersos en un ambiente familiar durante el tiempo en que aprenden la nueva lengua. Además, durante esta etapa los niños ya tienen desarrollado un cierto sentido del éxito y comienzan a diferenciar entre lo que se les da bien o mal. Otra ventaja es que los profesores de este tipo de programa son conscientes de que los estudiantes conocen una lengua y están en el proceso de aprender otra.

Finalmente, los alumnos continúan aprendiendo en su lengua materna hasta que aprenden inglés. Esto permite que sigan comunicándose con los padres y los abuelos, que puede ser que no hablen inglés. Así que hay buenas razones para matricular a un niño que no habla inglés con la suficiente soltura en un programa bilingüe. Y lo que es más, estudios recientes revelan que existen otros motivos para ello.

En los últimos veinte años, se han realizado muchos estudios sobre los efectos de la educación bilingüe. Algunos la han comparado a los programas que, sin llegar a ser bilingües, usan más inglés. Otros comparan el progreso de los alumnos de programas bilingües con el de los alumnos que realizan programas de educación bilingüe de larga duración (entre cinco y siete años). Las ventajas de estos programas son:

- Los estudiantes no se quedan atrás en el aprendizaje de las asignaturas donde el contenido teórico es lo que prima. Después de cuatro o cinco años, hacen grandes progresos, llegando a situarse o a estar al nivel de los alumnos cuya primera lengua es el inglés.

- Aprenden a hablar inglés sin problemas. Precisamente, los avances más notables de los estudiantes se consiguieron en matemáticas, inglés hablado y escrito.

- Los padres de estos chicos pueden ayudarles con las tareas porque emplean el idioma que se habla en casa.

Estos objetivos académicos se logran porque la lengua materna ofrece una base lingüística. Esta base sirve como primer peldaño en el aprendizaje del inglés, que se realiza de una forma casi automática. Mucho de lo que se aprende en casa se traduce automáticamente a la segunda lengua (el inglés).

Investigadores como James Cummins han llegado a la conclusión de que el aprendizaje de una segunda lengua depende del nivel que el alumno tenga en su lengua materna. Esto explica por qué es posible que alguien con un nivel alto de español aprenda inglés mucho mejor y de forma más rápida. De manera que tiene sentido enseñar inglés a la vez que otras asignaturas.

Billy, padre de Earl, 6 meses, Rally, 4 años, y William Jr., 7

Al llegar a este país, nuestros abuelos y otros tantos como ellos aprendieron a hablar inglés. Pienso que si uno viene a este país para ser americano, debe aprender en inglés.

Janet, madre de Lorna, 9 años, y Ted, 14

En el colegio, matriculamos a nuestra hija en un programa de inmersión en español. Todos nuestros amigos pensaban que jamás lograría aprenderlo. En cuarto de primaria era ya bilingüe. Estamos en el siglo XXI y creo que, en Los Ángeles, es necesario que todo el mundo aprenda a hablar español.

Educación en casa

Somos muy religiosos y encontrábamos que ni los colegios públicos ni los privados se ajustaban a nuestras necesidades. Educar en casa es difícil, pero hemos encontrado una comunidad de personas que comparten nuestros valores.

Sandra, madre de Mary, 5 años, Mark, 9, y Gabe, 13.

Nuestra situación es algo especial. Mis dos hermanos y yo, nuestras esposas y nuestros hijos vivimos en una finca familiar de 809 hectáreas situada a 64 km. de una ciudad con una población de 50.000 habitantes. Hace quince años mi hermano Jesse, mi hermana política Ellen y sus hijos se mudaron aquí y construyeron una casa. Comenzaron dándole clases a Callie, mi sobrina mayor, que entonces tenía cinco años, porque pensaban que el centro escolar local era bastante mediocre.

Ellen, enfermera de profesión, hizo todo el trabajo duro, se informó sobre las leyes del estado sobre la educación en casa, visitó a otros que estaban siguiendo esta practica y contactó con alguna asociación dedicada a este tema.

Ella y mi madre, una profesora de instituto retirada, elaboraron el proyecto curricular y lo pusieron en práctica. Mi madre decía que era mucha tarea pero que merecía la pena y que Ellen era muy trabajadora.

Ocho años antes, cuando mi mujer, Deb, nuestros hijos, Danny, Betsy y Tim, y yo nos mudamos, nuestros ocho sobrinos y sobrinas estaban siendo educados de esta forma junto a siete niños de la zona. Otros padres estaban ayudando con las clases.

Ahora Ellen y mi madre participan de una manera auxiliar y yo me he convertido en uno de los padres-profesores a tiempo completo. Nuestro programa ha ido evolucionando a lo largo del tiempo. Al tener más experiencia, hemos empezado a estar mejor organizados. Agrupamos a los niños por edades. Los más jóvenes se pasan el día jugando tanto dentro como fuera, aprenden tareas agropecuarias y disfrutan de actividades musicales y artísticas. Cuando vemos que demuestran interés, les enseñamos a leer, a escribir y algo de cálculo. Hemos comprobado que cada uno aprende a su propio ritmo. Una o dos veces por semana, los padres llevan a los niños de excursión para evitar que su mundo sea demasiado reducido.

Los niños más pequeños normalmente trabajan en proyectos académicos durante la mañana. A veces trabajan solos, otras en grupos más o menos pequeños. Somos capaces de hacer que nuestro currículo esté en constante proceso de renovación porque los adultos de nuestra comunidad proceden de muy diversos sectores y tienen intereses muy variados. Muchos de los adolescentes participan de diversas actividades (música, informática, ciencias, deporte) en nuestra ciudad, la cual, al igual que nuestro valle, ha crecido enormemente en los últimos años. También participan como voluntarios o en ocasiones trabajan de manera remunerada para algún negocio.

Hay razones de todo tipo para que algunos de nuestros niños no disfruten de la educación en casa y otros decidan dejarlo para ir a un colegio público. Desde que tenía tres años, nuestra hija Betsy, que es una niña con necesidades especiales, participa en un programa de educación especial en un colegio a 32 km. de aquí. Algunos de los más mayores, incluida mi sobrina Callie y mi hijo Danny, se han matriculado en un instituto público porque querían una vida social más activa o bien querían participar más intensamente en deportes u otras actividades escolares.

A medida que nuestros niños y nuestro mundo han ido creciendo, el colegio también ha ido evolucionando. Algunas familias se han marchado porque ha habido conflictos de personalidad o bien porque no estaban del todo cómodos con la dirección educacional o social que estábamos siguiendo.

Debido al avance de las nuevas tecnologías, otros profesionales, que ahora pueden trabajar en casa y vivir donde les gusta, se han unido a nosotros.

Cuando le pedí a Jack una reflexión sobre sus experiencias como padre-profesor en casa, me mandó un e-mail con lo siguiente:

La libertad de educar a mis hijos en casa es lo más representativo de un estilo de vida que no imaginaba. Trabajé como ejecutivo de una empresa de publicidad en Los Ángeles durante dieciocho años. Deb era, y sigue siendo, asesora financiera; tiene su oficina en casa. En nuestra vida todo funcionaba a un ritmo muy rápido y nos gustaba. Cuando nuestros hijos estaban en edad escolar, estábamos listos para mudarnos. Como teníamos una seguridad económica pudimos hacerlo.

Nunca nos hemos tenido que preocupar por la educación de nuestros hijos (normalmente un tema importante) porque teníamos a mano todo lo que necesitábamos para educarlos en casa gracias al sistema ya establecido. De no haber sido así, no sé si hubiera tenido los recursos a mi alcance para embarcarme en una empresa de tal magnitud.

¿Cómo podría resumirlo? Deb y yo nos sentimos extraordinariamente afortunados. Vivimos en un ambiente idílico. Tenemos una segunda familia maravillosa y nuestros hijos son felices. No puede ser mejor.

El mundo como aula

Mary Griffith es la editora de *Home-Education Review* y la autora de *The Homeshooling Handbook: From Preschool to High School, a Parent´s Guide: How to Use the Whole World as Your Child´s Classroom*.

Tom, padre de Tucker, 4 años, y Mason, 7

Nuestro hijo mayor fue al típico colegio de una ciudad grande. Fue una experiencia espantosa tanto para él como para nosotros. Durante aquel año mi marido y yo leímos el libro de John Holt *How Children Learn*, un libro fundamental en su campo. Pasamos un año investigando todos los detalles y escribiéndonos con otros padres de todo el país que educan a sus hijos en casa y decidimos hacerlo nosotros también. Nunca nos hemos arrepentido.

¿Cuál es la razón por la que la gente decide educar a sus hijos en casa?

Hay tantas razones como padres e hijos que adoptan esta solución. Algunos descubrimos que disfrutamos participando del proceso de aprendizaje de nuestros hijos y no vemos motivos para dejarle a otro esa tarea que nos es tan grata simplemente porque el niño ya está en edad de ir al colegio. Algunas familias empiezan a educar en casa a raíz de algún problema con algún profesor o directivo, con el currículo, con la relación con los compañeros o con temas de seguridad. El diagnóstico de problemas de aprendizaje suele ser también un motivo hoy en día. Los padres pueden estar en desacuerdo con algún diagnóstico o tratamiento o pueden pensar que aprender fuera del entorno académico va mejor con la personalidad de su hijo y su estilo de aprendizaje. Otras familias eligen este sistema por motivos religiosos o por razones filosóficas.

¿Cuántos niños son educados en casa en Estados Unidos?

Nadie lo sabe con certeza. El problema es que las normas legales relativas a esta práctica varían considerablemente entre los estados y algunos estados simplemente no tienen forma de averiguar cuántos niños son educados en casa dentro de su jurisdicción*.

---

* Es España, la escolarización es obligatoria hasta los 16 años.

Las estimaciones varían, pero las más fiables establecen un cálculo de aproximadamente un millón y medio de niños. De lo que sí estamos seguros es de que esta cifra va en aumento.

Connie, madre de Ashley, 7 años

Los cuatro años fueron la etapa más difícil para nosotros a la hora de educar a Ashley en casa. Sólo quería jugar. Nos volvía locos porque nos preocupaban los resultados. Cuando descubrimos que la educación a esta edad no era obligatoria en nuestro estado, nos relajamos. El primer año de primaria fue mucho mejor.

¿Cuáles son las ventajas y desventajas de la educación en casa?

Por extraño que parezca, las ventajas y desventajas de la educación en casa frecuentemente coinciden. La educación en casa deja la educación enteramente en manos de los padres. Aunque hay muchas formas de obtener ayuda, los padres son los que tienen la última palabra a la hora de hacerla funcionar. Tu horario, tu currículo, tu método de evaluación no revierten en ti, sino que están puestos en función de tu familia y de cada hijo pensando en lo que mejor funciona con cada uno. Sin embargo, una vez que te has acostumbrado a la responsabilidad que esto supone, resulta difícil acostumbrarse a vivir sin la libertad y la flexibilidad que este tipo de educación implica.

¿Cómo afecta la educación en casa a los logros académicos?

Depende enteramente del individuo. La educación en casa implica que el alumno debe «aprender a aprender» y la mayoría de ellos se convierten en grandes expertos. Aunque los niños así educados acaban por no tener los certificados académicos habituales, esto no impide que accedan a la enseñanza superior. Los niños educados en casa generalmente logran los mismos resultados y, a veces, incluso mejores; de hecho, son muy bien recibidos en muchas universidades como Stanford, Harvard, Yale o en las academias militares.

¿Qué ocurre en términos de socialización?

La creencia de que la socialización es una carencia grave para los niños que se educan en casa es totalmente falsa. En lugar de pasar la mayor parte de su día encerrados en una habitación con veinticinco niños más de aproximadamente la misma edad y nivel de educación y con un adulto para supervisar lo que hacen, los niños que son educados en casa tienen el tiempo y la libertad para interaccionar con personas de todas las edades y tipos y de aprender a tratar con ellas.

Algunas opiniones críticas expresan que al no asistir a clase, los niños que son educados en casa carecen de la oportunidad de aprender a lidiar con personajes agresivos o mandones. La mayor parte de los padres que educan a sus hijos en casa argumentan que el mundo ya ofrece de por sí suficientes oportunidades para aprender a tratar con personas desagradables y que, por lo tanto, no hace falta someterlos deliberadamente a este tipo de situación. Fuera del aula habitual, los niños que son educados en casa desarrollan la suficiente confianza en sus personalidades y habilidades. Muchos de ellos no sólo aprenden a tolerar las diferencias sino que aprenden a cultivarlas y disfrutarlas.

Nash, padre de Jimmy, 3 años, y de Colt, 10

Encontrar el currículo adecuado fue todo un reto pero, una vez que lo hicimos, la experiencia ha sido muy gratificante.

Educación física

*Durante media hora cada semana tenemos un entrenador de
educación física que les enseña a los niños juegos, reglas y espíritu
deportivo. De manera regular, los profesores supervisan los juegos en
el exterior y los niños en su gran mayoría juegan con pelotas.*

Clark, padre de Cameron, 6 años.

Hace unos años, cuando estaba de compras en un centro comercial
del vecindario, me encontré con Liz, una antigua compañera del
colegio. Hacía años que no nos veíamos, así que nos fuimos a
tomar un café para charlar de nuestras vidas. De repente, y como
quien no quiere la cosa, va Liz y me dice:

–Sabes, quiero agradecerte que siempre quisieras que estuviera en
tu equipo.

–¿Qué equipo? –le pregunté verdaderamente sorprendida.

–Fundamentalmente *sockball* y *kickbal* –respondió algo extrañada–. Tú y Betty Ann erais siempre las elegidas para ser las
capitanas del equipo y tú siempre me elegías a mí la primera.

–Liz, me tomas el pelo. Eso fue hace décadas ¿Tiene todavía
importancia? –le pregunté con cara de sorpresa.

–Tienes un niño, deberías saberlo.

–¿Qué quieres decir?

–Mis dos hijas mayores son unas atletas magníficas. Mi hija de
cinco años Molly, no lo es. Desde que era un bebé, la llevé a clases

de natación conmigo, pero no le gustaba en absoluto, así que lo dejamos. Más tarde, intentamos enseñarle a tirar una pelota y a ir a buscarla, a saltar y a correr. No ponía interés alguno en aprender. Nunca quisimos forzarla.

–¿Por qué darle tanta importancia a los deportes? –le pregunté.

–Mi marido, Grez, que no es nada bueno para los deportes, lo pasó mal durante el colegio por ese motivo, de ahí que le dé tanta importancia a la educación física. No le importa que Molly sea sólo una atleta mediana, pero al menos quiere que sea lo suficientemente buena como para jugar con otros niños. Él no lo era y eso le afectó negativamente.

–¿Acaso no está aprendiendo otras destrezas en el colegio? –le pregunté.

–No –Liz negó con la cabeza–. Cuando comenzó le dije a su profesora que necesitaba ayuda en esta área. La señora Duncan me dijo que sólo podía trabajar por separado con la niña en el caso de que tuviera un problema con los contenidos académicos, pero no con este tema. Me sugirió que hablase con el director. Así que Grez y yo nos reunimos con el director y hablamos de la importancia de un programa que progresivamente fuera desarrollando las habilidades físicas de la niña, a la vez que se pudiese ir evaluando su avance. El director estaba de acuerdo pero dijo que la educación física era un «extra». Los colegios deciden cómo administrar su presupuesto y el de Molly utiliza sus fondos en computadoras. No había nada más que decir.

–A lo mejor se le va dando mejor a medida que va madurando –le dije.

–Ya sabes que cuando los niños no son desde el principio buenos con los deportes es muy difícil que luego mejoren. Además, Molly es tan perfeccionista que jamás participaría en algo en lo que no destaque.

No sabía qué responderle. Hubo un momento de silencio, Liz sonrió y dijo:

–Perdona, llevo ya tiempo sintiéndome así. Supongo que cuando te vi me di cuenta de lo agradecida que te estaba por haber estado allí para mí.

–No pasa nada –respondí–. Nunca me hubiera podido imaginar todo lo que suponía para ti. Me pregunto qué les ocurriría a los niños que Betty Ann y yo dejábamos para el final.

–¿Te refieres a Alice y Gail?

Las dos nos reímos porque recordábamos perfectamente aquellos nombres como si fuera ayer.

–He oído que Alice todavía vive con sus padres –dijo Liz.

–Vaya –dije sintiéndome un poco culpable–. ¿Y Gail? –le pregunté dubitativa.

–Trabaja como neurocirujana en Nueva York.

Mi culpa se disipó en un momento. Estuvimos hablando de toda la gente que recordábamos y nos despedimos.

Programas de motricidad para niños

Steve Saunders, *Ph.D.*, es profesor en el departamento de Estudios del Movimiento Humano de la Universidad de Memphis, Tennessee.

Los padres que buscan información sobre las experiencias escolares de sus hijos no deberían olvidarse de la educación física. La actividad física juega un papel muy importante en el desarrollo global del niño. Después de todo, los niños aprenden a través de moverse en su entorno.

Un programa de educación física de calidad para niños de esta edad proporciona prácticas apropiadas, según están definidas por el *Council on Physical Education for Children* (COPEC), la mayor asociación profesional de profesores de educación física infantil.

La postura que defiende COPEC es que habría que proporcionar un momento diario de educación física de calidad al niño. De igual modo hay que tener en cuenta que cada niño tendrá unos antecedentes diferentes en términos de experiencias motrices, forma física y nivel de habilidad, tamaño y edad.

Los mejores programas incluyen cuatro componentes fundamentales, que vemos seguidamente:

- **Desarrollar los aspectos psicomotrices.** Los profesores de educación física deberían practicar en sus clases actividades que permitan a los niños desarrollar su aparato locomotor y sus capacidades manipulativas y no manipulativas. Las destrezas locomotoras incluyen andar, correr, saltar, o juegos como el escondite o rescate que permiten que los niños se muevan de muchas formas. Las habilidades no manipulativas implican darle vueltas a un objeto, doblarlo, retorcerlo o pasárselo a un compañero. Las manipulativas son del tipo de arrojar algo, atraparlo en el aire, ser capaz de darle a la pelota con una raqueta.

- **Procurar que participen todos los niños.** Todos los niños sin excepción deberían poder participar en programas de educación física. Hace años, se pensaba que un niño desarrollaría sus habilidades y aprendería tomando parte en determinados juegos. Hoy sabemos que para que un niño aprenda necesita estar activo. Los juegos y las actividades que fuerzan al niño a perder el tiempo sentado o esperando su turno para participar no le permiten disfrutar del tiempo necesario para desarrollar esas habilidades. Es muy importante que todos los niños tengan tiempo de sobra para practicar. No debería haber ninguna actividad que excluyera a ningún niño y todos los niños deberían formar parte de algún equipo.

- **Fomentar el éxito.** Participar en actividades que permiten alcanzar ciertos logros o éxitos es un criterio importante a tener en cuenta. Las actividades que son muy difíciles desmotivan a los niños. Se frustran y dejan de querer hacerlas. Las que son demasiado fáciles también tiene el mismo efecto. Los estudios demuestran que las actividades deberían estar planeadas de manera que los niños obtuvieran algún tipo de logro en el 70 u 80 por ciento de los casos.

- **Proporcionar el equipo adecuado.** Contar con el equipo adecuado es fundamental para ayudar a los niños. No podemos imaginar que el profesor le diera un solo rotulador o un solo par de tijeras a toda una clase. Tampoco podemos pedirle al profesor de educación física que haga lo mismo.

Lo importante es que los padres recuerden que la actividad física es crucial en el desarrollo del niño. Además, el primer año de colegio es considerado como una etapa fundamental de desarrollo, un periodo de desarrollo de habilidades que tiene mucha trascendencia a la hora de influir en el establecimiento de una actitud positiva y de la capacidad de apreciar lo que puede ser una vida de actividad física regular y saludable.

Aprender sobre las letras, los números, los colores y las formas tiene importancia para los niños, pero no podemos olvidar que saber moverse es igualmente importante.

Hélice, madre de Lory, 5 años, y Julie, 7

Mi hija mayor es como la media pero tiene necesidades especiales. Su terapeuta es maravillosa. A mi hija menor simplemente le cuesta coordinarse. Nunca ha progresado lo más mínimo.

Robert, padre de Emma, 7 años, y Brent, 9

Cuando era un niño solíamos jugar en el patio y ni siquiera era uno especial para los niños. Ahora se hace todo este hincapié en el desarrollo motor de los niños. Al principio creía que les enseñaban a conducir.

Educación multicultural

Una generación marca la diferencia. Mi mujer y yo somos profesio-
nales con carrera universitaria y nacidos en los Estados Unidos.
Mis padres vinieron de Japón y apenas hablaban inglés. Cuando
era joven, me avergonzaba de que mis padres siguieran las viejas
costumbre y comiéramos de manera diferente al resto de mis amigos.
Ahora todo el mundo come sushi.

Michael, padre de Jonathan, 5 años, y Andrew, 7.

Janice, de raza blanca y casada con un afroamericano, me comentó el proceso de integración de su hija Anika dentro de un colegio mayoritariamente blanco.

La experiencia de Anika en su primer año de colegio fue como la seda. El colegio está en el vecindario. Ya conocemos a algunos de los otros niños y a sus padres de la escuela infantil. Su profesora es afectuosa y muy motivadora. Aunque el colegio es mayoritariamente blanco, Anika, al igual que Mark y yo, siempre se ha sentido cómoda tanto en el mundo blanco como en el afroamericano.

El currículo del colegio, como el de la mayor parte, no tiene contenidos multiculturales integrados. A pesar de ello, a lo largo del año hay muchas actividades multiculturales. En nuestro colegio celebramos los orígenes de cada uno, sean sus padres o abuelos de Europa, Oriente Próximo, África, Japón o Australia. De manera que Anika siempre se ha sentido cómoda. Lo que es interesante tanto para Mark como para mí es que algunos años ella celebra su herencia afroamericana y otros la rusa que tiene por parte de sus abuelos.

En términos de amigos nunca ha tenido problemas. Curiosamente, la mayor parte de sus conflictos y de los nuestros han venido originados por los profesores. Lo que siempre nos sorprende es que en clase esperan que Anika, que ahora tiene once años, sea la autoridad en temas de historia, cultura y música afroamericanas. Si les mandan escribir un ensayo sobre la esclavitud, normalmente ella es la única a la que le piden que lea el suyo en voz alta. En una ocasión, como tenía un profesor especialmente desagradable que evidentemente tenía graves problemas, además del de ser claramente racista, quise cambiar a Anika de clase. Pero ella prefirió seguir en la clase para poder estar con sus amigas. Mi marido y yo no estábamos en absoluto satisfechos, pero le dejamos que tomase su propia decisión.

Es obvio que la situación de Anika es muy diferente de la de otros niños que conocemos en otras partes del país. Nosotros vivimos en una gran ciudad que es muy diversa. Tenemos amigos de todas las etnias y religiones.

Algunos amigos de la familia, los Grants (la madre es profesora y el padre es médico) se trasladaron de Nueva York a una ciudad de tamaño mediano en otra parte del país por razones de trabajo. Después de cuatro años sus hijos no están nada contentos. Algunos de los niños con los que van al colegio no habían visto nunca a un niño afroamericano antes de conocer a los Grants. En el primer año de colegio, debido a su diferencia física, los niños blancos les tocaban el pelo y hacían comentarios sobre el color de su piel. Aunque entonces esto no era ningún problema, a medida que se fueron haciendo mayores e iban integrándose en clase niños que no les conocían, comenzaron a tener malas experiencias. Los niños han empezado a pedir volver a Nueva York y sus padres se lo están pensando.

En el caso de Anika, la única situación problemática le ocurrió en su primer año de colegio. Un día llegó claramente enfadada. Cuando le pregunté qué le ocurría me dijo:

–Kimberly –una niña de su clase– dice que mi piel es chocolate.

Estaba llorando y me dijo:

–Mamá, no parezco chocolate, ¿verdad?

–No, cariño –le respondí–. Te pareces a tu padre y a mi queridísima hija, simplemente.

· Me abrazó y se fue a jugar fuera.

Chris, padre de Randy, 15 meses, David, 5 años, y Laura, 8

Somos afroamericanos y nuestros hijos van a un colegio en el que se puede decir que aproximadamente hay el mismo número de afroamericanos, coreanos y latinos. Lo más sorprendente a esta edad es que los niños literalmente no ven las diferencias que existen entre ellos. Es una pena que los padres sí lo hagan.

Equidad y excelencia

James A. Banks es profesor y director del *Center for Multicultural Education* en la Universidad de Washington, Seattle. Sus libros incluyen *An Introduction to Multicultural Education; Teaching Strategies for Ethnic Studies; Cultural Diversity and Education: Teaching Strategies for Social Studies y Educating Citizens in a Multicultural Society.*

¿Cuáles son los temas fundamentales del enfoque multicultural en la enseñanza a los niños que empiezan a ir al colegio?

Los dos temas más importantes que los profesores deberían tener en cuenta en un enfoque multicultural de la educación son la detección de las actitudes raciales de los niños y el desarrollo de métodos que permitan ayudar a que los niños aprendan actitudes raciales y étnicas más positivas.

Muchos profesores con los que he hablado en las clases que doy en la universidad y en los talleres que imparto en los colegios del distrito dicen que los niños a esta edad no son conscientes de las diferencias raciales y étnicas. Estos profesores creen que los niños no «ven» los colores de los distintos grupos raciales o las diferencias entre etnias y, por lo tanto, son remisos a enseñar a los niños sobre estas cuestiones, ya que creen que podrían destruir su inocencia a este respecto.

Los profesores que expresan estos sentimientos creen que deberían intentar hacer a los niños ciegos sobre estos temas.

Existe toda una serie de problemas derivados de este enfoque. Un problema básico es su falta de coherencia con la realidad. Algunos estudios realizados a lo largo de cincuenta años han demostrado que los niños son conscientes de las diferencias étnicas y raciales y que han interiorizado las normas sociales dominantes sobre el estatus social de los diferentes grupos raciales y étnicos. Las actitudes raciales de los niños son un espejo de las de los mayores en la sociedad estadounidense.

A la edad de cuatro años, los niños son conscientes de las diferencias raciales y tienen actitudes que reflejan las de los adultos en la sociedad. En los estudios sobre las actitudes raciales realizados con niños de diversos grupos raciales y étnicos, tienden a preferir lo blanco a lo moreno.

Existen otros problemas con el enfoque que niega que los niños perciban las diferencias raciales. Los estudios demuestran que los profesores que apoyan esta perspectiva suelen tener un trato discriminatorio con los afroamericanos en el colegio.

Dicen que no ven las diferencias de color, sin embargo suspenden más a los alumnos afroamericanos que a los blancos. Además, tampoco incorporan contenidos sobre los afroamericanos en el currículo del colegio. En consecuencia, uno de los problemas de este enfoque es que los profesores pueden no ser conscientes de las formas en las que discriminan a sus estudiantes de color. Este enfoque es simplemente una forma de evitar enfrentarse a los problemas raciales y a otras cuestiones en el currículo y en el colegio.

¿Cómo pueden los profesores modificar el currículo de manera que los niños de distintas culturas obtengan buenos resultados?

Los estudios indican que los profesores pueden ayudar a los alumnos a desarrollar actitudes raciales más democráticas y positivas mediante el uso de materiales didácticos y enfoques multiculturales.

Estos estudios proporcionan pautas que pueden ayudar a los profesores a mejorar las relaciones entre los distintos grupos en las clases y en el colegio. En uno de los primeros estudios curriculares llevado a cabo en 1952, los investigadores encontraron que un currículo multicultural y democrático podía tener un efecto positivo en las actitudes raciales tanto de los alumnos como de los profesores.

Un estudio posterior halló que los niños blancos que estaban en segundo de primaria desarrollaban actitudes raciales más positivas si usaban textos que reflejaban la diversidad cultural y étnica.

Un estudio sobre Barrio Sésamo, un programa de televisión multicultural para preescolares, apoya la idea de que los materiales e intervenciones multiculturales pueden tener un efecto positivo en las actitudes raciales de los niños.

Los investigadores comprobaron que los niños que habían visto el programa durante más tiempo tenían actitudes raciales más positivas respecto a otros grupos que los niños que lo habían visto con menos frecuencia.

Existen investigaciones que señalan que las intervenciones curriculares como los juegos multiculturales, las danzas folclóricas, la música y las dramatizaciones pueden tener un efecto positivo sobre los alumnos. Una intervención curricular consistente en danzas folclóricas, música, artesanía y dramatizaciones influyó positivamente sobre las actitudes raciales de los alumnos.

Los profesores pueden usar las siguientes pautas para mejorar las relaciones entre los diferentes grupos de la clase.

Estas pautas son discutidas con mayor profundidad en mi libro *An Introduction to Multicultural Education*:

1. Usa libros y otros materiales que incluyan imágenes de grupos raciales y étnicos positivas y realistas de una manera coherente, natural e integrada. Una excelente guía sobre libros infantiles que puedes usar en clase es *The New Press Guide to Multicultural Resources for Young Readers* de Daphne Muse. También es interesante *Teaching Strategies for Ethnic Studies* de James A. Banks que narra la historia y describe la cultura de los distintos grupos étnicos e incluye anotaciones sobre libros infantiles.

2. Recrea situaciones típicas de otros grupos étnicos para que los niños tengan la oportunidad de ponerse en su lugar. Puedes usar videoclips y cintas, libros infantiles, grabaciones y fotografías.

3. Si enseñas en un colegio interracial, haz que los niños de diferentes grupos étnicos tengan que interrelacionarse entre sí a través de actividades pensadas con tal fin.

4. Algunas formas de hacer que los niños se interrelacionen puede ser mediante actividades de aprendizaje en grupo o mediante dramatizaciones.

Meter, padre de Ben, 6 años, Amanda, 8, y Molly, 10

Al llegar de Vietnam, mantuvimos nuestros nombres. En el colegio se reían de los niños y los padres no eran capaces de pronunciarlos correctamente. Tras americanizar nuestros nombres, se acabaron los problemas.

Elección del colegio

Vivimos en una zona rural de Texas. Sólo hay un colegio, así que ese es el que elegimos.

Joe, padre de Jeff, 5 años, Danny, 10, y Sam, 12

Para decidir a qué colegio debía ir su hija mayor, Kin, que trabaja como programador en una gran empresa, se pasó un año entero acumulando información.

–Esa es la manera en la que suelo tomar una decisión. Bonnie es nuestra hija mayor. Tenemos dos hijas más y necesito elegir un colegio al que puedan ir las tres. Stephanie (que se encarga del departamento de recursos humanos de la misma empresa), nuestras hijas y yo vivimos en un lugar céntrico, así que he decidido reducir mi búsqueda a un área de un radio de 40 kilómetros alrededor de nuestra casa. De esta manera se reducen las posibles elecciones.

–Kin no deja nada al azar –explica Stephanie–. Yo visité una serie de colegios en los alrededores y encontré uno que me gustó. Pero Kin ha sacado los gráficos de los resultados que tienen los alumnos en las evaluaciones, ha leído sobre la posición que cada colegio ocupa en un estudio que compara todos los colegios de la ciudad y se ha informado sobre cuál es el número de alumnos por profesor y la preparación académica y experiencia que tienen éstos. Cuando haya terminado de darle la lata a todo el mundo, no habrá ni un solo colegio que quiera matricular a nuestras hijas. Kin es americano de primera generación y yo soy una *Sansei* (tercera generación). En Japón, los colegios exigen muchísimo a los niños. Si no les va bien en el colegio y no tienen buenos resultados en los exámenes, no se les permite llegar a la universidad. Aunque Kin llegó a este país con quince años y fue a la universidad aquí, no olvida el sistema japonés.

—Los dos queremos que nuestros hijos vayan a buenos colegios, que se gradúen en universidades excelentes y que consigan buenos trabajos —dice Kin—. No estamos de acuerdo sobre la definición de qué es un «buen» colegio. Para mí, es todo una cuestión de números. Los datos son algo de lo que te puedes fiar. Tengo amigos en el trabajo y en la iglesia cuyos hijos fueron a escuelas que eran demasiado liberales o se graduaron sin tener las cosas realmente claras y ahora tienen trabajos mal remunerados. No permitiré que les ocurra eso a mis hijas.

—*Nuestras* hijas —le recuerda Stephanie—. Debido a nuestro pasado, Kin y yo miramos al mundo de manera diferente. Mis padres son tan conservadores como Kin. Querían que yo hubiera estudiado una carrera de ciencias. Me rebelé, estudié psicología y después me especialicé haciendo un master que tenía que ver con mi carrera. Me encanta mi trabajo, pero mis padres no comprenden que quisiera estudiar esa carrera. La única cosa que creen que he hecho bien en los últimos diez años es casarme con Kin. De cualquier forma, mi criterio para encontrar un buen colegio está basado en las personas. Rara vez me dejo guiar por las cifras para tomar una decisión. Lo que me preocupa es que mis hijas tengan profesores entusiastas, niños encantadores y padres involucrados en la educación de sus hijos.

—Lo que más me interesa es un colegio en el que los objetivos de los profesores y los directores sean la excelencia académica, el orden y la autodisciplina —explica Kin—. De todos modos, estoy muy orgulloso de mi mujer y me gustaría que mis hijas fueran científicas solamente si ellas quieren. Si no, pueden ser matemáticas —dice mientras me guiña un ojo.

Al, padre de Amanda, 8 meses, y Rick, 5 años

Tanto los padres de mi mujer como los míos nos llevaron a un colegio de la zona, no se les ocurrió visitar más colegios que los del vecindario. Nosotros hicimos lo mismo con nuestros hijos. Sin embargo, mi hermano y mi cuñada llevan ya visitados media docena de colegios como poco. No podemos entenderlo.

Los colegios eficaces

George H. Word es director de un instituto, autor de *Schools That Work* y *A Time to Learn*, y el fundador del *Institute for Democracy in Education*. Está casado con una profesora de educación infantil.

¿Cuáles son los criterios por los que hay que guiarse al elegir un colegio? ¿Qué caracteriza un colegio eficaz?

Los mejores colegios son los pequeños. Aquellos que tienen entre cuatrocientos y quinientos alumnos por edificio. Los datos demuestran que los niños que van a colegios pequeños suelen tener mejores resultados. El tamaño de la clase es otro tema a tener en cuenta. Un estudio reciente realizado en Tennessee y Iowa se fijó en la evolución de un grupo de niños durante veinte años. Descubrieron que progresaban más los niños que estaban en clases más pequeñas, independientemente de su nivel socioeconómico. Los colegios que se esfuerzan por mantener un número pequeño de alumnos por clase en estos niveles son colegios que más tarde, en cursos superiores, tienen mejores resultados. El número ideal de alumnos por profesor sería de unos quince.

El segundo factor a tener en cuenta es si el colegio se rige realmente por sus propios criterios o por criterios externos. Lo principal debería ser centrarse en la calidad del trabajo que los alumnos han de realizar en cada etapa en lugar de obsesionarse con qué sistema será más eficaz para que los niños tengan mejores resultados en pruebas estándar. Cuando visites un colegio, observa atentamente con qué están decoradas las paredes. ¿Son cosas creadas por los niños o plantillas coloreadas de Mickey Mouse o del Pato Donald que se compran en las tiendas?

El tercer criterio es el nivel de relación entre los profesores, los alumnos y los padres. ¿Conocen los profesores a sus estudiantes? ¿De qué manera propicia el colegio que haya una relación entre profesores y padres? Normalmente los colegios organizan reuniones en las que ambos pueden encontrarse y hablar, pero hay formas mucho más eficaces de establecer este tipo de relación, reservando, por ejemplo, un día de la semana para trabajar con los niños en casa. Mi mujer es profesora de educación infantil. En su colegio los niños se quedan en casa los miércoles. De esta forma, puede enseñar parte del trabajo que los niños hacen en clase a los padres y trabajar con ambos, niños y padres. Es una maravilla. Mi mujer conoce a todos los niños de su clase y a sus familias.

Otra forma de conseguir esto es mantener a los niños con la misma profesora a lo largo de toda esta etapa. Así es mucho más fácil que el profesor llegue a conocer a todos los niños y a sus familias.

En resumen, los tres criterios que tengo en cuenta en un colegio son: el tamaño de las clases, el tipo de trabajo y el grado de relación entre profesores, padres y alumnos.

¿Existe un movimiento en contra del uso de pruebas o tests estándar?

Ojalá. Mucha gente confía en la capacidad de estas pruebas para predecir cómo les irá a sus hijos en el colegio. En realidad, hay muchos estudios que indican que existen otras formas de saber cómo le irá a tu hijo: el tamaño de la clase, el número de adultos con los que se relaciona el niño, la asistencia a clase, el apoyo de la familia. Estas son formas más fiables para saber cómo le irá a nuestro hijo en la universidad y en la vida que esta clase de pruebas. Aún así debemos confiar plenamente en los tests para descubrir los rasgos comunes en los niños que destacan por alguna singularidad.

Anne, madre de Nelly, 5 años, Obice, 7, y Lindsay, 8

Como la experiencia que el niño tenga en los primeros años en el colegio es fundamental tanto desde el punto de vista educativo como desde el emocional, estudiamos las posibilidades que nos ofrecían distintos colegios (públicos y privados) para decidir a cuál de ellos enviaríamos a nuestro hijo. Optamos por un colegio privado que pensamos que satisfaría plenamente sus necesidades académicas, sociales y estéticas, y así ha sido. Afortunadamente o no, una vez que nos metimos en el mundo de los colegios privados, sentimos que era lo mejor para nuestros hijos.

¿Qué deberían buscar los padres en términos de filosofía educativa del colegio?

El objetivo del colegio en estos niveles debería ser el de generar en el niño gusto por aprender, en lugar de transmitirles que la educación significa aprender cosas de memoria. Conozco a profesores que envían a casa listas de cosas que los niños deberían saber al final del año, ya sea aprender el abecedario o a atarse los zapatos. Estos colegios trabajan en función de determinados objetivos a pesar de que es de todos sabido que cada niño llega al colegio con un nivel diferente de maduración. De hecho, algunos niños que todavía no saben el abecedario hasta el final del primer año de primaria leen con fluidez al final de tercero.

Lo importante es comprender que la mayor parte de los niños de esta edad no pueden esperar a empezar el colegio. Sin embargo, hacia el cuarto o quinto año quieren dejarlo. Algo les ocurre. Hasta esta edad, los niños aprenden a una velocidad increíble. Lo aprenden todo. Aprenden a hablar, a andar, a relacionarse, y lo hacen por sí mismos. Pero cuando llegan al colegio les decimos: «Olvídate de cómo has aprendido las cosas hasta ahora. Ahora vamos a estudiar matemáticas durante veinte minutos cada día». El tipo de horario no tiene nada que ver con la forma en la que aprenden los niños de cinco años que, por naturaleza, son curiosos a menos que tengan algún problema de tipo emocional, físico o psicológico. La filosofía que debes buscar es la del «¿cómo vamos a hacer que el niño se interese y disfrute aprendiendo?». Yo, en particular, tendría mis reticencias ante un colegio que me diese una lista de cosas que se supone que mi hijo tiene que aprender para una fecha determinada. Para mí eso sería una mala señal.

Lo que nos interesa saber es si cuando el profesor dice que va a enseñar ciencias naturales quiere decir que va a llevar a los niños de paseo por el barrio, les va a dejar que miren a las hojas de los árboles y que se tumben a jugar sobre ellas, y al final va a hablarles de por qué caen al suelo. Eso son ciencias naturales para un niño, no explicarles la fotosíntesis. Los niños de esta edad ni siquiera pueden pronunciar la palabra. Cuando hablan del medio físico y social, ¿significa eso que los niños van a caminar por el vecindario para mirar los diferentes tipos de casas y hablar de cómo son las vidas de sus habitantes? Yo siempre busco un profesor cuyos objetivos estén en consonancia con el mundo del niño. Tendemos a pensar que los niños piensan igual que los adultos, pero no es el caso. No nos debería preocupar la cantidad de información que el niño haya acumulado al final de la educación infantil, nuestra preocupación debería ser saber si aprender continúa siendo una experiencia divertida para ellos.

El otro componente importante son los libros, los libros y los libros. Los niños necesitan que se les lea. Necesitan llevarse libros a casa. En la clase de mi mujer cada niño se lleva un libro a casa cada día. Eligen entre los libros que le han oído leer. No pueden leer esos libros por sí mismos, pero pueden hablar de ellos. La cuestión no es que el niño sepa o no sepa leer, la cuestión es animar a los padres a que les lean. En realidad, las únicas tareas que deberían tener en la escuela infantil es que sus padres les lean cuentos o hacer cosas divertidas como buscar hojas en el jardín o dar un paseo y contar casas.

¿Cómo se puede averiguar que un colegio es bueno, si los profesores animan a los alumnos y si los niños tienen la oportunidad de aprender?

Intenta evitar el sistema tradicional. Es verdad que cada distrito educativo publica datos sobre los resultados que obtienen sus alumnos. Pero yo animo a los padres a que, antes de que su hijo vaya al colegio, pasen ellos mismos un día en el colegio. Nadie compraría un coche sin probarlo antes, ¿no? La gente invierte veinte o treinta horas en comprar un coche. Consultan Internet, visitan los concesionarios, preguntan a los amigos. Pero se fían de una visita de cinco minutos a una clase para decidir a qué colegio debería asistir su hijo. Necesitas echarle tiempo y la mejor forma es pasar ese día en el colegio de tu hijo.

Si el colegio te dice que no puedes hacer esto, considéralo un dato a tener en cuenta. También puedes intentar convencerles diciéndoles: «Mire, no estoy aquí para evaluarles, sólo quiero ver cómo es el colegio y lo que hará mi hijo». Usa si no la analogía del coche: «Yo no compraría un coche sin conducirlo antes, así que no voy a enviar a mi hijo a su colegio sin probarlo antes». Eso puede significar que tengas que perder un día en el trabajo pero, ¿qué mejor inversión de tiempo que la educación de tu hijo?

La mayor parte de los profesores reciben bien las visitas de los padres. Los buenos profesores esperan tener niños en sus clases con padres que hagan el esfuerzo de visitar el colegio porque saben que estos padres se van a implicar en la educación de sus hijos. Como dije antes, una de las mejores formas de predecir el éxito de los niños es saber si los padres participan activamente en la educación de sus hijos.

Ronnie, padre de Bobby, 23 meses, Sally, 5 años, y Ruthie, 7

Ya teníamos dos de nuestros tres hijos cuando nos mudamos a una nueva ciudad. Visitamos varios barrios y finalmente alquilamos un apartamento en el lugar en el que encontramos el mejor colegio.

Escribir

Mi hija sabe hacer muy bien las letras. Por lo visto es
como tener buenos modales en la mesa. Es algo
que la acompañará a lo largo de toda la vida.

Larry, padre de Adrienne, 6 años.

Andre aprendió a escribir en el colegio. No estaba seguro de que
fuera una buena idea. No hacía muy bien las letras ni los números.
Mi mujer, Marilyn, me preguntó si yo podría escribir bien si tuviera
que hacerlo con un rotulador. Y sí que tenía algo de razón, pero le
dije que no recordaba que nuestros hijos mayores hubieran aprendido a escribir a esa edad tan temprana. Marilyn me dijo que las
cosas habían cambiado.

Hablé con el director de la escuela infantil y me dijo que aprender a
escribir las letras del abecedario es un paso cognitivo muy importante que conecta la comunicación oral y el lenguaje escrito. En otras
palabras, escribir iba a ayudar a Andre a aprender a leer. No estaba
seguro de estar de acuerdo, pero cuando Marilyn me hizo ver que
yo no era un experto en educación, me callé.

Por lo que he podido ver, los primeros años en el colegio son una
prolongación de la escuela infantil. Andre comenzó a escribir, si es
que a eso se le puede llamar escribir, en su cuaderno. A las dos
semanas, cuando trajo a casa su cuaderno para enseñarnos de lo
que era capaz, me quedé verdaderamente impresionado. Él estaba
tan orgulloso, pero lo que escribía era un verdadero galimatías con
algunos dibujos y letras mezclados.

Marilyn me dijo que me calmara, pero al día siguiente pedí ver al profesor, el señor Skandera. Me senté. Vi que tenía una carpeta con el nombre de Andre sobre la mesa. Una vez que acabamos con los preliminares le dije:

–Señor Skandera, sé que las cosas han cambiado con respecto a como eran cuando mi hijo mayor iba al colegio. Los niños no aprendían a escribir hasta primero y para que lo lograran los profesores escribían las letras perfectamente en la pizarra. De hecho practicaban una y otra vez hasta que las letras salían a la perfección. No creo que la calidad de lo que hace Andre sea para nada aceptable.

–Señor Tigner –contestó con una sonrisa–, llevo veintiún años trabajando como profesor de educación infantil y tiene usted razón, ahora enseñamos de manera diferente a como lo hacíamos. Hace algunos años una serie de investigadores se dieron cuenta de que cuanto antes aprenda un niño a escribir, antes aprenderá a leer.

–Pero, ¿qué me dice de su forma de escribir? –le pregunté.

–Eso viene después. Lo que importa es que desde el primer día los niños se vean a sí mismos como escritores. Ellos hablan y escriben sobre lo que conocen. Se sienten satisfechos de sus resultados. Déjeme que le enseñe algo.

Nos levantamos, fuimos hacia una de las computadoras que había en el aula y nos sentamos. El profesor de Andre metió uno de los disquetes del programa de lectura y me demostró cómo funcionaba. Me explicó que los niños se colocan por parejas delante de la computadora y responden a las preguntas que ésta les hace. Se les enseña a teclear y a decir sonidos o palabras.

–Nunca había oído hablar de este método –le dije.

–Es bastante común ahora. El valor de este tipo de instrucción, junto con escribir en su cuaderno y los dictados (los niños se inventan historias que son transcritas por los adultos), es que nos permite presentar la palabra hablada y escrita de muchas maneras.

–Nunca se me hubiera ocurrido –le dije.

–Hace tiempo, al acabar el colegio, los niños sabían escribir alrededor de unas diez palabras. Como ahora son capaces escribir antes, el número de palabras al que están expuestos ha aumentado muchísimo.

Me fui del colegio con una percepción totalmente diferente de lo que es el proceso de escribir y de leer. Al final de la semana le pregunté a Andre qué era lo que significaba todo lo que tenía escrito en su cuaderno. Me resultaba impresionante averiguar el significado de sus garabatos.

Norm, padre de Jill, 7 años, Bonnie, 9, y Eldon, 11

La manera de escribir de mis hijos es horrorosa. Supongo que van para médicos.

Aprender a escribir

Patricia Deck es la coautora de *Success in Reading and Writing*. Ha trabajado como directora del proyecto *The Learning Circle* en Guilford County, North Carolina y como especialista en educación para un programa de la *Southeastern Regional Vision for Education.*

¿En qué consiste un buen programa de aproximación a la lectura en educación infantil?

En esta etapa lo que nos interesa es que los alumnos aprendan las letras y desarrollen una conciencia fonética sobre la correspondencia entre los sonidos y las letras. A medida que esto sucede, les animamos a conectar lo leído con lo escrito.

La escritura temprana con frecuencia consiste en hacer dibujos, contar una historia y volver a contarla. Cuando los niños se ponen delante de la mesa se ven a sí mismos como escritores. Su deseo de escribir comienza pronto y debería ser fomentado. En clase, los profesores deberían darles a los niños la oportunidad de tener la escritura como una de sus actividades de tiempo libre, además del tiempo programado por el profesor para escribir como respuesta a un libro o como complemento a una actividad que se ha realizado. Por ejemplo, si la clase ha realizado una visita al zoológico o a la frutería, los niños pueden escribir sobre su experiencia. Si están estudiando una letra determinada y su sonido, los alumnos pueden escribir las palabras que conozcan con esa letra o copiar los nombres de objetos de la clase que empiecen con esa letra.

Cuando los niños escriben en respuesta a una lectura, el resultado consiste generalmente en volver a contar la historia con sus propias palabras. Los niños deberían ser capaces de «leer» (comprender y explicar) lo que ellos mismos escriben. Es importante para los niños saber que leer y escribir van conectados. Se desarrollan juntos y ambos precisan pensar. Queremos que los niños lean y reflexionen sobre lo que leen, extraigan conclusiones y hagan predicciones. Tanto su habilidad para leer como para escribir mejorarán escribiendo. Además escribir ayuda a aclarar el pensamiento.

¿Cuál es la progresión que se sigue a la hora de aprender a escribir?

En primer lugar los niños dibujan. Después hacen garabatos, lo que para ellos es como escribir. A veces hacen un dibujo y le ponen una letra o incluso combinan los garabatos con letras de verdad. En educación infantil los profesores les enseñan a hacer las letras. También se les enseña a oír los sonidos. Cuando empiezan a ir al colegio, se les anima a que escriban palabras. En algún momento los profesores escribirán historias para que los niños aprendan a relacionar lo que han oído con lo escrito. Cuando los niños aprenden a escribir sus propias historias lo hacen usando la que sería una ortografía temporal. Escriben las letras que creen que reproducen las palabras que están usando. A medida que los niños leen más y su vocabulario crece, incorporan nuevas palabras en lo que escriben. A partir de que sean capaces de escribir sobre sus vidas, lo que hacen en el colegio o los libros que el profesor les ha leído, su escritura mejorará.

Se aprende a escribir escribiendo, de manera que la escritura de los niños mejora a medida que tienen más oportunidades de hacerlo. Como poco a poco toman conciencia de que escribir permite comunicar pensamientos e ideas, su confianza crece, así como el número de respuestas positivas a lo que escriben. La mayor parte de los niños quieren aprender a deletrear de manera correcta para poder comunicar sus ideas y pensamientos con más facilidad.

Los profesores pueden usar técnicas como llenar una pared de palabras nuevas para ayudar a los alumnos a aprender cómo se deletrean las palabras que usan con más frecuencia. Los padres pueden reforzar esto escribiendo las palabras que los niños les piden que deletreen en trozos de papel o en fichas y enseñárselas al niño para usarlas como referencia.

¿Qué pueden hacer los padres para que sus hijos aprendan a escribir?

Los padres deben saber que es fundamental que hablen con sus hijos desde una edad temprana. Los niños a los que se les lee y a los que se les habla desde pequeños son más receptivos al lenguaje. Comienzan a entender la relación entre hablar, leer y escribir. En las casas en las que ni se conversa ni hay un intercambio de pensamientos, sentimientos o actividades, el niño normalmente experimenta un retraso en el desarrollo de sus capacidades lingüísticas.

Los padres también pueden ayudar a su hijo a comprender la relación que existe entre la palabra que oye y la que ve. Cuando lees a tu hijo, es importante señalarle las palabras a medida que las lees. Relaciona las palabras con los objetos comunes. Enséñale una caja de cereales y lee lo que pone en la caja. Cuando estéis en la calle dando un paseo, lee las señales y los nombres de las calles. Cuando vayáis de compras, lee los nombres de las tiendas. Estas actividades enseñan al niño sobre la relación entre lo escrito y su significado.

Cuando le leas en alto a tu hijo, habla con él sobre las historias. Explícale cómo se escriben los libros, cómo un autor puede tener una idea para una historia y escribirla. Explícale que las fotos y las palabras están impresas dándoles la forma de un libro que puede ser leído. Pregúntale a tu hijo por qué cree que el autor escribió la historia que le estás leyendo y sobre qué puede escribir en sus propias historias. De esta manera estarás de nuevo dirigiendo su atención hacia la conexión entre lo escrito y lo leído.

Un último consejo: los padres no deberían estar tan preocupados sobre el desarrollo de su hijo a la hora de escribir y de leer, sino más bien observar y apoyar sus intereses. Deja que tome la iniciativa. Léele en alto a tu hijo cada vez que puedas, en lugar de ponerle delante del televisor. Háblale de lo que estás leyendo. Anima a tu hijo a que escriba notas de agradecimiento cada vez que reciba un regalo. Si no quiere que le ayudes a escribirla, no lo hagas. Los niños necesitan desarrollar confianza en sus propias capacidades y si revisas lo que han escrito, lo criticas o comentas lo bien o mal que escriben no le estás ayudando.

Si hay otros niños en la clase de tu hijo que necesitan ayuda individual, ofrécete como voluntario para ayudar en el aula. Piensa que al hacer esto no sólo estás ayudando a ese niño, sino dando ejemplo a toda la clase de lo mucho que valoras la lectura y la escritura.

¿Qué habilidades debería adquirir el niño al final del curso?

Al aprender a leer y a escribir el niño aprende las letras, sus formas y sus sonidos. Una vez que es capaz de reconocer las letras y de entender las relaciones entre las palabras que oyen y lo escrito, comienzan a leer como por arte de magia. Es difícil decir qué habilidades debería haber desarrollado el niño al final del año, porque todos los niños no llegan en las mismas condiciones de preparación al colegio. Podemos decir que se espera que los niños sepan las letras de su nombre, sean capaces de escribirlas y de usarlas. Los niños deberían verse a sí mismos como escritores y comprender que lo escrito tiene sentido. Al usar tanto los símbolos como las letras o las combinaciones de ambos, la mayoría de los niños son capaces de contar historias o sus propias experiencias, escribir notas o ideas y leer sus composiciones.

Escribir

Nada es más bonito que ver a los niños peleándose por leer delante de la clase lo que han escrito. Esta nueva manera de poder expresarse es la base donde otro tipo de aprendizaje se asienta. Los padres deberían aspirar por lo menos a que su hijo se sintiese cómodo como lector y también como escritor.

Carolina, madre de Martin, 7 años, y Jeannie, 9

¿Quién necesita aprender a leer a esta edad? ¡En serio!

Expresión musical

En la clase de mi hijo, usan canciones tanto como medio para divertirse como para aprender. El profesor les enseña los días de la semana a través de la música. También estudian a Mozart y Beethoven.

Emil, padre de Daniel, 6 años.

–Creo recordar que me dijiste que el profesor de Mick en el colegio hacía algo especial con la música, ¿no? –le pregunté a mi amigo Jordy que ha querido ser una estrella del rock desde que iba a la universidad y que frecuentemente habla igual que si fuera una, aunque se gane la vida trabajando como dentista.

–¡Era alucinante! –me respondió.

–¿En qué sentido?

–¿Alguna vez has pensado, quiero decir pensado seriamente, sobre las flautas?

–No puedo decir que lo haya hecho –le respondí riéndome.

–Pues te estás perdiendo toda una tradición musical.

–Indudablemente Jordy pero, ¿qué tiene todo esto que ver con la expresión musical en el colegio?

–El profesor de Mick, Harley, era un tipo especial. Tenía una colección de instrumentos musicales: flautas, campanas, castañuelas, timbales, un xilófono, cajones, harmónicas, tambores.

–¿Y?

–Su currículo giraba en torno a la música. Dejaba que los niños tocaran los instrumentos que quisieran. Aprendían a leer las notas del pentagrama. Las comparaba con leer letras y números. Usando temas musicales celebraban un montón de fiestas de diferentes culturas. De esa forma aprendieron geografía.

–Suena fenomenal.

–Sí. Aprendieron danzas de los indios americanos, bailes de claqué y cantos gregorianos. Harley traía vídeos de teatro *kabuki*, de Nureyev y Fonteyn, de tambores africanos y de la *Metropolitan Opera*. Su colección de discos compactos era enorme. Cuando Mick llegó a casa nos habló a Sara y a mí de Mahalia Jackson, Mozart, Pavarotti, Willie Nelson, Yo-Yo Ma, Fats Waller, Beverly Sills, Bruce Springsteen, Joan Baez, Mick Jagger (Harley le había puesto este nombre a su hijo), Beethoven y los Beatles. Y Mick conocía su música.

–Estoy impresionada.

–Date cuenta, Suse, Harley usaba la música para desarrollar un sentimiento de comunidad. Quiero decir, aquí tienes a esta gente... y bueno..., ya sabes. Harley eliminó las barreras al invitar a padres, abuelos, hermanas, hermanos, primos y amigos a ir al colegio para tocar con los niños.

Coincidía con él en que era una gran idea.

–Sí –dijo Jordy, casi para sí mismo–. Los concertistas, los guitarristas, los teclistas, los cantantes, los bailarines, los percusionistas y los que hacen los coros. Alucinante.

Sonreí.

–Sabes –me dijo en tono reflexivo–, muchos de los mejores amigos de Mick eran compañeros suyos entonces. Creo que es porque –paró de hablar durante un momento– ...aprendieron a ver el mundo como un conglomerado gigantesco de música, cultura, canciones y danza. Sí, eso es.

Poco después le pregunté:

–¿Qué pasó con Harley?

–Se fue a Lousiana y se metió en una banda cajún.

Me eché a reír.

Delta, madre de Ross, 4 años, y Sharon, 6

Si oigo una canción infantil más, me pongo a chillar. ¿Es que no les pueden enseñar otras canciones?

El sonido de la música

Larry Scripp, *Ed.D.*, es catedrático de Educación Musical en el conservatorio de New England y director del *Research Center for Learning through Music* en Boston, Massachussets. También ha fundado *The Conservatory Lab Charter School for Learning Through Music.*

¿Qué importancia tiene la música en la educación en estas edades?

Para los niños la música es una actividad capaz de englobarlo todo. Aman la música y muchas de sus experiencias musicales están asociadas con actividades que realizan en casa, como ver la televisión, mirar vídeos o cantar con sus padres. La alegría de la música crea un puente entre lo que aprenden en casa y lo que aprenden en el colegio (especialmente de cara a su alfabetización). Saberse las letras de una canción es una buena introducción a la literatura. Entender y disfrutar con la música les proporciona los conocimientos que le permitirán el desarrollo simbólico de las matemáticas y del lenguaje.

Manual, padre de Jeremy, 7 años, y Lynne y Eddie, ambos de 10

En el colegio de nuestra hija, todas las clases tienen un piano. Aunque los profesores no tocan muy bien, son muy entusiastas. A los niños les encanta.

La música también es importante porque permite a los niños concentrarse en los objetos que estudian. Una canción que tiene una letra que al niño le gusta cantar una y otra vez le proporciona una experiencia consistente con ciertas estructuras del lenguaje. Saber una canción significa saber algo que puede ser compartido porque la gente puede cantar en grupo. Pueden cambiarle la letra a la canción y cantarla a su manera como hace mucha gente. Proporciona una diversión sin límites.

¿Cuáles son los componentes de un buen programa de educación musical?

El propósito de un buen programa de educación musical es incluir la música como una parte integral del currículo:

- Los alumnos deben poder explorar diferentes instrumentos.

- Debería haber un tiempo para aprender canciones que se pueden convertir en parte de su repertorio.

- A través de los programas de música y danza, los niños pueden trabajar en su desarrollo físico y aprender juegos que pongan en uso sus habilidades psicomotrices.

- Exponer a los niños a diferentes tipos de música crea una conciencia estética.

- El programa musical no debería limitarse a las canciones infantiles; debería incluir música de otras partes del mundo y diferentes tipos de música, por ejemplo, música clásica, étnica (por ejemplo, balinesa) contemporánea (Philip Glass, Bobby McFerrin o Paul Winter), improvisaciones de jazz de canciones conocidas como «My Favorite Things», y música infantil de calidad (Alex Willder Lullabies y Night Songs).

- Un programa repetitivo, que no incluye clásicos como la suite del *Cascanueces*, que les gusta a la mayoría de los niños, y piezas clásicas que entienden enseguida y tararean como el *Canon* de Pachelbel, resulta muy limitado.

- Esta edad es la apropiada para que el niño explore la representación de la música. Se les puede enseñar usando los mismos principios que con las matemáticas. Si los niños son capaces de responder a los símbolos que tienen un significado musical, como los números, las notas y las figuras, esto les puede ayudar a entender que los símbolos pueden ser empleados musicalmente.

¿Cuáles son los recortes que afectan a la educación musical?

Dependiendo del presupuesto, los programas de música van y viene. En los últimos treinta o cuarenta años, debido a que la financiación se ha reducido, mucha gente que disfruta con la música y entiende la importancia que tiene ha creado y promovido cientos de escuelas de música.

Hay una cantidad importante de niños que logran conseguir una educación musical de una forma u otra gracias a padres que se proponen que sea así. Los padres que aprecian la música y quieren que sus hijos desarrollen esta misma inclinación los envían a estas escuelas o los motivan para que participen en un coro. Los niños a los que no les gusta la música, o que sienten que les quita tiempo de lo que es verdaderamente importante, se lo están perdiendo.

Si más padres entendieran que la música puede actuar como un catalizador superior a la lectura o la escritura, al igual que contribuir al desarrollo emocional y físico, no ignorarían este recurso valiosísimo.

¿Cómo pueden los padres complementar este tipo de aprendizaje en casa?

Haciendo lo que hacemos en *The Conservatory Lab Charter School,* una escuela que se centra en el aprendizaje a través de la música. La mejor forma de enseñar a los niños a leer es mediante su exposición a los libros y a su lectura. La música puede enseñarse del mismo modo. Si el niño tiene acceso a cintas y discos compactos y si tú escuchas música con ellos y les cantáis canciones, aprenderán que la música es algo divertido. Si le enseñas a tocar instrumentos sencillos (o más complicados si es que los sabes tocar), se darán cuenta de que es una experiencia compartida por toda la familia y que todos pueden participar de ella. Si eres curioso y tienes ganas de aprender y explorar diferentes tipos de música, tus hijos seguirán tu ejemplo.

Marianne, madre de Cal, 1 año, y Jack, 8

La parte más importante de cualquier programa de educación musical es tener un aula destinada exclusivamente a ella.

Expresión plástica

Rory siempre ha demostrado un gran talento artístico. Mis objetos preferidos de su época en la escuela infantil son un collar hecho a base de cáscaras de nuez pintadas de color naranja con ocasión de Halloween y una pequeña caja de madera con macarrones de diferente tamaño, también coloreados, que pegó junto con algunas judías sobre la tapa. ¡Se tomó mejor que yo que su hermana pequeña se la diera al perro como aperitivo! Pero, afortunadamente, los macarrones y las judías estaban bien pegados.

Stephanie, madre de Lucy, 2 años, y Rory, 6.

Le pregunté a Shay, una conocida y antigua maestra que ahora ejerce como pintora, si consideraba que la expresión plástica era enseñada de forma adecuada en estos niveles de la educación infantil.

–En muchas escuelas, la expresión plástica se imparte mejor en este nivel que en ningún otro –me dijo–. En los mejores planes de estudio, está totalmente integrada en el currículo. Los niños utilizan las herramientas artísticas para aprender a leer y a escribir, para aprender matemáticas y relacionarse con el medio físico y social que les rodea.

El presupuesto para expresión plástica suele ser más elevado en educación infantil. Hay mucho material disponible: lápices de colores, témperas, acuarelas, pinturas para aplicarlas con los dedos, arcilla y plastilina. Los niños colorean, dibujan, recortan, pegan, modelan, hacen colages y usan papel maché, por ejemplo.

Un buen profesor hablará con sus alumnos sobre los colores y cómo se han de mezclar, les explicara conceptos como la textura, el trazo y la composición. Potenciará la creatividad y la experimentación. No propondrá tareas muy ambiciosas, inalcanzables para los niños, a menos que reciban ayuda de sus padres.

—Así que lo que usted está diciendo es que los planes de expresión plástica en la educación infantil son positivos.

—Algunos sí lo son –contestó–. En muchos casos, los maestros están haciendo un trabajo maravilloso al enseñar expresión plástica. De todos modos, la mayor parte de los planes son mejorables. En los de más calidad, los niños aprenden a mirar. Se les lleva a los museos para que conozcan las distintas formas de expresión artística. Comienzan a aprender a distinguir los diferentes estilos de pintura. Van explorando la riqueza de los colores y la manera en que los pintores los aplican en sus cuadros. Comienzan a familiarizarse con nombres como Bearden, Cassatt, Kahlo, Renoir, Rothenberg, Rivera, Van Gogh.

—¿Cree que los padres de estos niños conocen a estos pintores? –le pregunté–. Dudo que haya mucha gente interesada en la historia del arte hoy en día.

Asintió con la cabeza y se encogió de hombros.

—¿Cree que los niños a esta edad son capaces de entender todo esto?

—¿Por qué no? La exposición a cualquier edad temprana es vital. Los niños comprenden aquello para lo que están preparados según su desarrollo, de manera que progresivamente van asimilando conocimientos básicos.

—No se lo voy a discutir. Pero, ¿cuál es el presupuesto para expresión plástica?

—No tanto como debería ser, pero está aumentando.

—No sabía que fuera una defensora de las artes.

—No he tenido más remedio –contestó Shay–. Tengo tres hijos en edad escolar.

—Sí, lo entiendo.

Miré el reloj y al darme cuenta de lo tarde que era le dije:

–Perdone, pero tengo que hacer una llamada muy importante. Hablamos pronto, ¿de acuerdo?

Nos despedimos. Subí al coche, me alejé unas cuantas manzanas, tomé el móvil y le pedí a la operadora que me consiguiera el número de *Los Angeles County Museum of Art*.

Supongo que nunca es tarde para ayudar a tu hijo a desarrollar su sensibilidad artística.

Alisa, madre de Sara, 6 años, y Eli, 10

Intenté ignorar lo que Sara hizo, pero nunca olvidaré lo difícil que fue quitar el pegamento, la pintura, la purpurina y no sé qué más de sus vaqueros. Al final tuve que dejarlo, aunque me sentía culpable de que fuera a clase como una pordiosera.

Disfrutar de lo artístico

Jessica Davis, *Ed.D.*, ostenta la Cátedra Patricia Barman de Educación Artística en la *Harvard University Graduate School of Education*.

¿Qué papel juega la expresión plástica en la educación infantil?

Todos los niños a esa edad llegan al colegio con habilidades artísticas: dibujan, aprenden canciones, participan en los juegos simbólicos, pero desafortunadamente dejan el colegio sin ningún apego por esas actividades. Sin embargo, durante los años que dura la educación infantil, por suerte para los niños de cinco años (la edad dorada de la creatividad), los profesores parecen estar entusiasmados con este talento artístico de los niños y dispuestos a darles la oportunidad de que lo desarrollen.

Barbara, madre de Danielle, 6 años

A la maestra de Danielle le gustaban las cosas «bonitas». El único problema era que ninguno de los niños podía hacerlas a su entera satisfacción, así que las «corregía» todas. Los padres teníamos miedo de decirle que preferíamos lo que hacían nuestros hijos tal cual.

¿En qué consiste un buen programa de expresión plástica?

Un buen currículo artístico en este nivel reconoce y estimula la habilidad artística con la que los preescolares llegan al colegio e intenta desarrollar estas capacidades como importantes formas de expresión en sí mismas, no sólo como actividades previas a la escritura o la lectura.

Un buen programa reconoce que a través de la expresión plástica se puede expresar la realidad de una manera distinta a como se consigue en las demás disciplinas. Con demasiada frecuencia las actividades de tipo artístico se usan como un medio y no como un fin en sí mismo. El dibujo sólo se considera un paso más en el camino hacia la escritura. Los juegos simbólicos son necesarios durante estos años únicamente porque los *roles* que manejan desaparecerán pronto para los niños, y les tendremos que hablar de ellos de otra manera.

Las actividades de tipo artístico se usan como un paso previo para el aprendizaje de habilidades más tradicionales, lo que es lamentable. Es una pena que se escriba sobre el dibujo de un niño de cinco años. Por ejemplo, el maestro pondrá *mamá*, *papá*, *hermano*, *hermana* justamente en el dibujo como sugiriendo que no dice lo suficiente. De esta forma, el mensaje que se le transmite al niño es parecido a: «En cuanto pueda escribir esas palabras, no necesitaré dibujar más». Perdemos mucho al permitir que los niños dejen de desarrollar estas habilidades tan maravillosas, en lugar de valorarlas como únicas e irrepetibles. En realidad, los niños son personas muy capaces que saben hacer cosas fabulosas que acabamos adorando.

Dados los actuales recortes en la enseñanza, ¿se enseña hoy todavía expresión plástica en los colegios?

Es difícil saber lo que ocurre en cada sitio. Parece que hay más colegios especializados para niños artísticamente superdotados y escuelas piloto que dan una importancia especial a la formación artística. También parecen existir movimientos de reforma artística. Por ejemplo, después de veinte años de ausencia, la ciudad de Nueva York recientemente dispuso una vuelta de todos los colegios a la educación artística. ¿Por qué? Porque la asistencia a actividades culturales es una importante fuente de ingresos y saben que los adultos que no han recibido dicha formación no suelen ir a esas cosas. Hay cierta actividad, pero es difícil saber lo que está ocurriendo en cada escuela en particular. De todos modos, en general es cierto que en la mayor parte de los colegios las primeras ayudas que son suprimidas son las destinadas a la educación artística.

¿Qué es lo que perdemos si no se imparte este tipo de enseñanza en los colegios?

Dejar a nuestros hijos al margen del arte supone privarles de un diálogo que va más allá de la cultura, extendiéndose a través del tiempo y del espacio. El arte les otorga la oportunidad y las herramientas para participar no sólo como espectadores sino también como practicantes de una importante tradición que conecta a los seres humanos a través de un variado número de lugares, circunstancias y períodos. En un tiempo en el que la tecnología está tan extendida, el arte nos recuerda la importancia del espíritu humano. Sacarles del aula de música porque tienes cuarenta computadoras nuevas que hay que instalar es algo muy triste que deja una herencia muy preocupante a nuestros hijos.

Para los niños en edad preescolar que van al colegio, encontrarse con una enseñanza donde lo artístico ha desaparecido, es negarles que lo que saben hacer de manera instintiva es válido. Un profesor puede decir: «No voy a enseñar expresión plástica en mi clase porque yo no soy un artista», y los padres responderán: «De acuerdo, está bien, ningún problema». Pero si el profesor dijese: «Lo siento, pero no voy a dar matemáticas en primaria, porque no soy matemático», los padres dirían: «Eso da igual, ya encontrarás un modo de enseñarlas».

¿Qué pueden hacer los padres para mantener a los hijos interesados por las actividades de expresión plástica?

El gran reto es mantener a los niños dibujando a lo largo de lo que llamamos la etapa literal, entre los ocho y los once años, y hasta la adolescencia. Los padres deberían tener material artístico de todo tipo. Para esto puede servir cualquier cosa: desde harina y agua mezcladas para hacer una pasta, hasta arcilla o colorantes que usamos en la cocina y que pueden ser usados como pintura. Es cuestión de darle a tu hijo la oportunidad de ser creativo y de tener tiempo en casa para ello. El arte es muy relajante para los niños porque se sumergen por completo en él y se olvidan de todo lo demás.

Yale, padre de Colin, 7 años, y Niles, 10

El maestro de Colin nos impresionaba. Usando sitios Web, su computadora y una pantalla de proyección, les enseñaba a los niños pinturas de museos de todo el mundo. Cuando Colin hizo un dibujo (que parecía una mancha azul y verde) para mi padre y le preguntó qué era, Colin le contesto: «Nenúfares como los de mayonesa Monet *».

---

* Esta ocurrencia del niño tiene sentido si se sabe que en inglés americano el nombre del pintor de origen francés Claude Monet (1840-1926) se pronuncia de forma parecida a la palabra de origen francés *mayonnaise*, «*mayonesa*». (*N. de la T.*).

Género

Mi hijo tenía claramente algún tipo de dificultad para permanecer sentado en el suelo cuando todos sus compañeros se ponían en un círculo sobre la alfombra. Mi esposa estaba muy preocupada, yo no. No pensaba que sentarse en el suelo fuese una habilidad importante.

Jim, padre de Barry, 8 años.

En un encuentro con madres de niños de educación infantil, vi claro que hay una gran diferencia entre los niños y las niñas.

—Mi hijo David no ha recibido una tarjeta de felicitación por buen comportamiento en todo el año —se quejaba Lorraine—. Si no es una cosa es la otra. No presta atención cuando leen un cuento, no se pone en la fila y no recorta bien.

Todas se rieron.

—Lo digo en serio. ¿Sabéis cuantas cosas tiene que recortar un niño cada día? Hablé con una amiga que es profesora. Me dijo que no me preocupara porque las habilidades manuales de los niños no están tan desarrolladas como la de las niñas. De todas formas, ya me he hecho a la idea de que David no va a ser un neurocirujano cuando crezca.

Todo el mundo se rió de nuevo.

—No creo que los profesores traten igual de bien a los niños que a las niñas —contestó Cheryl, la madre de dos niños, uno en educación infantil y el otro en primaria—. La profesora de Ariel la quería porque era cooperadora, educada y atenta. Pero Andrew es un caso distinto. La única cosa que le interesa del colegio es pasar tiempo construyendo con bloques y jugando. La semana pasada comimos unos macarrones que supuestamente debía usar para hacer un collar. Cuando le pregunté el porqué, me dijo arrepentido que estaba hambriento.

–Todo se reduce a una cuestión de género –sugirió Darvinia, una madre de cuatro hijos–. A mis hijas siempre les ha ido mejor que a mis hijos. Están socialmente mejor adaptadas y se acomodan mejor.

–¡Reconozcámoslo! –intervino Margo–. Les habéis enseñado a vuestras hijas a ser unas pelotas –todo el mundo se rió cuando Margo siguió–. Ningún niño es naturalmente amable. Compartir es algo que se aprende igual que sentarse en el círculo y escuchar. Me siento orgullosa de que Lily sea independiente, con carácter y espontánea. El tema está en que la educación elemental está diseñada para niñas. La mayor parte de los profesores y de los directores son mujeres. Se hace más hincapié en lo cerebral que en lo físico. Cuando voy como voluntaria a la clase se les regaña más a los niños que a las niñas, menos en el caso de Lily que estoy convencida que liderará una panda de moteros o será la primera «presidenta» de los Estados Unidos.

Cuando las madres se marcharon para ir a buscar a sus hijos, me fui al colegio porque era la hora de la comida y se me había olvidado ponerle el bocadillo en la mochila a Alex. Le encontré sentado en un banco junto a su mejor amigo, Max. Al darle el bocadillo, Alex me dijo que Max ya había compartido con él su comida.

–¿Qué hacéis sentados en un banco? –les pregunté mientras me acomodaba junto a ellos.

–La señora Margolis me vio pegar a Max –dijo Alex.

–Yo le había golpeado primero –confesó Max–. Sólo estábamos jugando.

–¿Te castigaron a ti también? –le pregunté a Max.

–Que va, Alex no se chivó. Sabes lo que pasa, Susan, que aquí no les gustan los chicos.

–¿De veras?

–Sí –dijo Alex–. Las niñas se sientan muy calladas, se dicen cosas malas y una de ellas siempre se va llorando. Pero nunca las castigan.

–Nosotros nos peleamos y enseguida estamos castigados –dijo Max–. No es justo.

No sabía qué decir; pensaba que posiblemente tenían razón. Me despedí de ellos y me fui al coche. Los niños serán siempre niños y no pasa nada porque sean como son.

Niñas y niños

Beth A. Haines, *PH.D.*, psicóloga del desarrollo, es profesora asociada de Psicología y miembro del *Gender Studies Program* de la *Lawrence University* en Appleton, Wisconsin.

¿Cuáles son las diferencias entre los niños y las niñas a esta edad en términos de estilos de aprendizaje, socialización, relaciones profesor-alumno y desarrollo psicomotriz?

Aunque hay variaciones substanciales entre los niños en relación con todas las características mencionadas arriba, estas variaciones no tienen nada que ver con el sexo. Quiero decir que hay una mayor diferencia entre los pertenecientes al mismo sexo (niñas con niñas, niños con niños), por ejemplo en lo relativo a habilidades sociales, estilos de aprendizaje (cognitivos), que la que hay entre diferentes sexos.

A pesar de ello, hay algunas diferencias notables en razón del sexo en esta edad. Las niñas normalmente tienen un vocabulario más rico, una mayor comprensión lectora y una mayor creatividad verbal (aunque esta diferencia no aparezca más adelante). Los niños tienen más tendencia a los juegos algo violentos y las peleas, mientras que las niñas usan un tipo de agresión indirecta como, por ejemplo, excluir a un niño del juego. Dependiendo de la respuesta de los padres y de los profesores, estas diferencias pueden acentuarse o no. Si a un niño agresivo se le enseña a ser disciplinado, es más posible que las muestras de violencia por su parte se vean reducidas.

Por supuesto, hay también diferencias individuales entre todos los niños. Algunas niñas tienden a ser más agresivas (lo que se considera frecuentemente un rasgo típicamente masculino) y algunos niños son más sensibles y emotivos (normalmente considerado un rasgo femenino). Aún así, los niños y las niñas son socialmente iguales y buenos para el aprendizaje memorístico. Tienen niveles comparables de autoestima. Los que trabajan sobre estudios de género defienden que tratar los estereotipos como verdaderas diferencias puede ser perjudicial para algunos niños. En consecuencia, el niño feliz y bien adaptado que disfruta con actividades que no son propias del estereotipo dominante de su sexo puede llegar a sentirse infeliz, simplemente por no contar con la adecuada respuesta social.

Obviamente, éste es un campo controvertido, ya que existen también diferencias sustanciales entre padres y entre culturas en relación con el grado en el que intervienen a la hora de enseñar los comportamientos estereotipados. De cualquier modo, un hallazgo importante es que los niños de tres a seis años son más conscientes de los estereotipos de género que los adultos. La razón es que los niños tienden a tomarse las reglas al pie de la letra y creen que hay que seguirlas al dedillo. Muchas veces cuando los niños van a tiendas de juguetes y ven por un lado pasillos rosas con muñecas y material para hacer manualidades y, por otro, pasillos azules con equipamiento deportivo y muñecos animados de acción, suelen dirigirse típicamente al pasillo que está claramente diseñado para ellos.

Algunos padres (consciente o inconscientemente) esperan que sus hijos sigan las convenciones de su sexo. En concreto, muchos padres se sienten más cómodos cuando sus hijas juegan con los muñecos de los niños que cuando sus hijos juegan con las muñecas de las niñas.

Cindy, madre de Sequoia, 6 años, Normandy, 9, Denver, 11, y Adan, 13

Pienso que los profesores esperan que las niñas se porten mejor que los niños. La mayoría lo hacen, excepto nuestra hija Sequoia. Tiene tres hermanos mayores. Durante el primer mes, la profesora me llamó para quejarse de su comportamiento al menos uno o dos días a la semana. Finalmente, le pedí una cita para hablar con ella. Le dije que las madres con las que había hablado, cuyos niños mostraban un comportamiento similar, no recibían llamadas. Le dijimos que mi marido y yo no creíamos en los estereotipos de género. Desde el siguiente día las llamadas pararon.

¿Cómo deberían abordar el tema de los estereotipos los profesores de educación infantil?

Diversas investigaciones sugieren que los profesores pueden, de forma involuntaria, responder a los niños de manera diferente que a las niñas. Que los niños tengan que esforzarse más en las actividades de tipo académico es interpretado por los profesores como que no quieren trabajar o que no se interesan por lo que se les está explicando. Esto se ve como un comportamiento que puede ser modificado. Debido a que las niñas suelen ser más propensas a intentar cumplir con las expectativas que se tengan sobre ellas, generalmente suelen tener más éxito en el colegio. Así que cuando tienen dificultades, se atribuye a falta de habilidad y esto en nuestra cultura se ve como algo más difícil de modificar. Así, las niñas y los niños pueden recibir mensajes diferentes sobre sus habilidades para sobresalir en lo académico, especialmente en las áreas más típicamente estereotipadas en función del género.

Es importante que los profesores rompan con dichos estereotipos. Algunas niñas sobresalen en matemáticas y en ciencias (campos considerados habitualmente dominados por hombres) y algunos niños destacan en arte y música (campos considerados típicamente femeninos). Si los profesores son capaces de evitar tener expectativas estereotipadas en relación con sus alumnos, los niños podrán desarrollar sus intereses sin las restricciones impuestas por los estereotipos de género.

Los profesores deberían ser también capaces de aceptar una gran variedad de comportamientos y ser cuidadosos a la hora de etiquetar determinadas actividades como más o menos apropiadas para las niñas o los niños. Tanto padres como alumnos deberían saber que los niños son seres con una magnífica capacidad para aprender, a los que las actitudes de los adultos les afectan muchísimo. Tienen menos ideas preconcebidas sobre lo que es o no es «normal» y el colegio es un lugar ideal para generar modelos de igualdad entre géneros y grupos étnicos.

Cary, madre de Gracie, 6 años, e Ivy, 8

Como madre que ha intentado modelar el comportamiento de su hija más por sus intereses que por su género, me gustó ver que en el colegio los niños no hacían distinciones por razón de sexo. En tercero, me llamó mucho la atención ver que sí lo hacían de manera voluntaria.

Horario

Nuestro colegio tenía horario de media jornada, lo cual era muy conveniente para nuestra hija. Después de haber tenido tres horas y media de clase, estaba lista para la siesta.

Susan, madre de Katie, 7 años, y Sean, 9.

Cuando Alex estaba en educación infantil, iba al colegio de ocho a doce de la mañana.

Aunque su horario escolar podía haber sido más largo, ninguno de los profesores ni de los padres parecía estar muy preocupado por lo que los niños consiguieran hacer a diario.

Los tiempos han cambiado. En todo el país los colegios están evolucionando hacia la jornada de mañana y tarde y en muchos casos por buenas razones.

Independientemente de lo larga que sea la jornada escolar, sigo pensando que la calidad de la enseñanza viene dada por la calidad del profesor.

En una clase que visité con horario de mañana y tarde, el día estaba cargado de actividades pero no se notaba. La profesora tenía un gran magnetismo, los niños estaban encantados.

Cuando llegué estaban desarrollando tres actividades de aproximación a las matemáticas a la vez; unos niños estaban contando regaliz, otros intentaban colocar unas figuras en su lugar correspondiente, otros recortaban figuras de papel de colores. Durante mi visita, dos grupos de ocho niños se fueron, a diferentes horas, para trabajar con especialistas en música y conocimiento del medio. La clase de música era entretenidísima. Los niños cantando en grupo sonaban como Ethel Merman. Y, en la clase de conocimiento del medio, aprendí más sobre las diferentes clases de cactus que durante toda mi vida.

Durante la clase de historia me llegué a sentir incluso avergonzada porque no sabía tanto sobre la civilización maya como algunos de los niños de cinco años que estaban sentados a mi lado.

La profesora parecería estar dirigiendo un pelotón. Su voz parecía marcar el ritmo y lograba que hubiera tiempo para todo. Los niños leían, escribían y cantaban según ella lo ordenase. Tenían un descanso de veinte minutos que era también la hora para ir al cuarto de baño, tomarse la merienda y hacer algún tipo de trabajo manual.

No podía creer la precisión con la que era capaz de hacer que treinta y cinco niños lograsen distribuirse en cinco caballetes diferentes para pintar flores idénticas.

Los que se sentaban callados a tomarse la merienda eran premiados con una pequeña bolsa de palomitas Como yo también me había portado bien, conseguí una, pero cuando la profesora se dio la vuelta me marché. Se notaba su estrés, aunque puedo decir en su defensa que ser responsable de dos clases de media jornada no debe ser fácil.

El horario de un colegio religioso incluía dos horas de religión, aunque en este caso se trataba de un programa de jornada de mañana y tarde con lo cual era más fácil acomodarlo. En otro programa de estas características, los niños y yo nos lo estábamos pasando tan bien construyendo con bloques que no me quería marchar.

Cuando la ayudante de la profesora se llevó a los niños al patio, le pregunté a la profesora, una veterana de los caprichos de los cambios en política educativa sobre su filosofía educacional.

—Hace unos años nuestro programa de media jornada se amplió a uno de jornada de mañana y tarde —me dijo—, pero yo sigo enseñando de la misma manera. Mi horario todavía está basado en los intereses de los niños. Si los niños están encantados con un libro que les estoy leyendo, pasamos más tiempo leyéndolo. Si se lo están pasando muy bien jugando o disfrutando de la primera nevada del año, nuestro horario, que es bastante relajado, cambia en consecuencia.

–¿No te preocupa lo que los niños logren aprender? –le pregunté.

–No importa lo que digan los expertos, una experiencia positiva a esta edad en educación no se puede medir. Yo estoy más interesada en cómo los niños aprenden a adaptarse los unos a los otros, a mí y a un nuevo ambiente. ¿Les motivan nuestras clases? ¿Son curiosos, despiertos? ¿Participan? ¿Se les estimula lo suficiente? La educación infantil es el comienzo de un viaje extraordinario. Aunque es agradable tener una jornada larga por delante, el número de horas que un niño pasa en el colegio no determina la calidad de la programación.

Aquella noche le pregunté a un amigo, que había sido profesor de educación infantil durante años, por qué los horarios de las escuelas infantiles variaban tanto.

–Cuando yo enseñaba, el profesor debía cubrir una determinada porción de trabajo durante el año –me dijo–. La manera en que organizáramos el trabajo era nuestra responsabilidad. Aunque todavía existe este tipo de presión, también se respira una cierta flexibilidad.

–Me preocupa que el tiempo esté demasiado estructurado –le dije preocupada–. ¿Cuándo pueden los niños gritar, corretear o simplemente jugar con la arena?

–Estamos en el siglo veintiuno –respondió riéndose–. Hoy en día los padres quieren que sus hijos sean competitivos en el mercado de trabajo de manera que puedan llegar a ser abogados, tengan un master en administración de empresas o sean capaces de dirigir una empresa de informática. Y claro, jugar en la arena no parece ser la mejor preparación.

–No estoy segura de que eso sea así –le dije riéndome mientras colgaba el teléfono.

La media jornada

Debbie Wong ha enseñado educación infantil durante catorce años y actualmente da clase en *Melvin Avenue Elementary School* en Reseda, California.

Desde que empecé a enseñar educación infantil hasta ahora ha habido muchos cambios. El más importante de todos ha sido la reducción del número de alumnos por clase, de treinta y tres a veinte. Sin embargo, esta reducción se ha visto acompañada por una demanda por alcanzar un mayor nivel académico. Ahora se espera que los niños sean capaces de leer de cuarenta a cincuenta palabras por minuto sin que se les escape ninguna y a resumir el contenido de una historia en una sola frase. Estos solían ser los objetivos de primero de primaria.

La ventaja de la media jornada es que es una transición más suave para aquellos niños que nunca han estado alejados de sus padres. Pasar quince minutos en lugar de un periodo de tiempo más largo en un centro ayuda a esos niños a agrandar su espectro de atención. Cuando un niño tiene un mal día es más fácil que se le pase antes.

Bob, padre de Donnie, 5 años, y de Sherry, 7

Sentía que la media jornada era una pérdida de tiempo. Como mi mujer y yo trabajábamos, nuestros hijos habían ido a una escuela infantil con horario de mañana y tarde. Cuando llegaron al colegio pasaban más tiempo entretenidos en las actividades extraescolares que en clase.

La ventaja de la jornada de mañana y tarde es que el tiempo extra contribuye a reducir el estrés tanto del niño como el mío propio. Tenemos más tiempo para hacer cada actividad y el día de los niños no está dividido en segmentos de diez o quince minutos.

Nuestro horario

7:55-8:05	Mirar libros.
8:05-8:15	Saludo a la bandera, pasar lista, ver el día de la semana y contar.
8:15-8:30	Explicación del trabajo del centro.
8:30-9:30	Tiempo del centro: ejercicios de escritura y de lectura. La profesora supervisa a los niños en el taller de escritura y practican ejercicios para reconocer los fonemas. Los niños, de forma individual, recortan letras de papel y las pegan en su lugar correspondiente. Un profesor dirige una actividad orientada a que los niños reconozcan palabras.
9:30-10:00	Descanso para ir al baño, merienda, recreo.
10:00-10:50	Matemáticas, expresión plástica, conocimiento del medio.
10:50-11:05	Música, compartir y tiempo de cuenta cuentos.
11:05-11:10	Explicación de las tareas.
11:10-11:15	Repaso de lo hecho en el día y despedida.

La jornada continuada de mañana y tarde

Addie Gibb enseña en jornada de mañana y tarde en la *Seneca Elementary School* en Séneca, Missouri.

Llevo enseñando educación infantil en jornada de mañana y tarde cuatro años y la verdad es que me encanta. La ventaja es tener un grupo de alumnos más reducido de manera que el profesor llega a conocerlos y a saber cuáles son sus necesidades mucho mejor, la facilidad para detectar y poner rápidamente solución a posibles dificultades en el aprendizaje y el contacto más frecuente con los padres. El profesor tiene además la oportunidad de llevar un diario del progreso de los alumnos y, al tener un día más largo por delante, es fácil que los alumnos completen las actividades programadas con más tranquilidad. Por otro lado, hay más tiempo para hacer todo tipo de actividades prácticas que permiten que el alumno pueda experimentar.

Las desventajas de la jornada de mañana y tarde son que la adaptación puede ser más lenta para los niños que no habían estado antes en grupo. Lo más importante es que nos demos cuenta de que el propósito de este tipo de horario no es que los niños hagan una especie de primer año de primaria descafeinado, sino permitir que los profesores tengan más tiempo para abarcar todo el currículo de la etapa y que los niños tengan tiempo para descubrir y experimentar a fondo a través de aquello que van haciendo en su primer año en el colegio.

Nuestro horario

7:55-8:20	Actividades de matemáticas en grupos.
8:20-8:35	Reunión de toda la clase, cuarto de baño y bebidas.
8:35-8:55	Tabla de matemáticas y calendario.
8:55-9:10	Clase de matemáticas.
9:10-9:20	Adivinanzas.
9:20-9:50	Lectura en grupo o compartida (poemas y canciones).
9:50-10:15	Talleres.
10:15-10:30	Recreo de la mañana.
10:30-10:55	Continuación de los talleres.
10:55-11:10	Alfabeto y fonemas.
11:10-11:40	Taller de escritura (diarios) o actividades de lectura en la Sala de lectura.
11:40-12:20	Almuerzo y descanso.
12:20-1:10	Clases especiales (música, tutorías, expresión corporal, expresión plástica o informática).
1:10-1:45	Siesta.
1:45-2:00	Recreo de la tarde.
2:00-2:15	Tablas de dibujos y de palabras (vocabulario).
2:15-3:00	Actividades temáticas relacionadas con las ciencias naturales y sociales.
3:00-3:10	«Veo veo» con la clase y despedida.

Los efectos de la jornada continuada de mañana y tarde

Dianne Rothenberg es la secretaria de *ERIC Clearinghouse on Elementary and Early Childhood Education* y la fundadora de *PARENTS AskERIC* y del *National Parent Information Network*. Ha escrito también un buen numero de artículos aparecidos en prensa especializada y en diversos volúmenes y es una conferenciante habitual en temas de educación infantil.

El incremento del número de unidades familiares monoparentales y de familias en las que ambos padres trabajan y el hecho de que la mayor parte de los niños pasan gran parte de su día fuera de casa, suponen grandes cambios en la vida de las familias americanas en relación a lo que éstas eran hace unos años. Los cambios en la sociedad americana y en la educación experimentados en los últimos veinte años han contribuido a la popularidad de centros de educación infantil con jornada continuada de mañana y tarde los siete días de la semana en muchos lugares. Numerosos estudios demuestran que los padres prefieren la jornada continuada de mañana y tarde porque reduce el número de transiciones que experimenta un niño a esta edad.

Los investigadores deducen que la jornada continuada tiene efectos positivos que se reflejan más tarde en otras etapas de la educación. Después de comparar programas de jornada continuada de mañana y tarde con los de media jornada parecidos, se halló que los alumnos en jornada continuada demostraban una independencia en el aprendizaje mucho mayor, mayor capacidad para relacionarse con sus compañeros, más productividad en el trabajo en grupo y mayor capacidad de reflexión que sus compañeros de media jornada. Además, se relacionaban mejor con el profesor y eran menos retraídos, menos agresivos y menos tímidos que sus compañeros de la media jornada.

Las investigaciones demuestran la eficacia de los programas de jornada continuada diseñados de manera apropiada para el desarrollo del niño. En estos programas, la posibilidad de enseñar de manera más pausada y la evaluación del progreso de los alumnos contribuye a la eficacia del mismo. Aunque esto también puede ser característico del resto de los programas, muchos niños parecen beneficiarse académicamente y en su comportamiento de la jornada de mañana y tarde. Por supuesto, la duración del día es sólo una dimensión de la experiencia del niño en la educación infantil, otros temas a tener en cuenta son la naturaleza del currículo de la educación infantil y la calidad de la enseñanza.

Huong Lan, madre de Sam, 5 años, Hue, 8, y Lan, 12

La jornada continuada de mañana y tarde era perfecta para mis dos hijos mayores y terrible para mi hijo pequeño. Estaba demasiado apegado a mí y el día se le hacía larguísimo. Como no hace falta sacarlo de la escuela infantil de momento, creo que le voy a tener allí al menos durante un año más.

Implicación de los padres

Mi consejo para las madres: si no trabajas fuera de casa no se lo digas a nadie o despídete de tu tiempo libre. Te recomiendo que digas que trabajas en casa o que tienes cinco hijos más.

May, madre de Gerald, 3 años, y Livia, 6.

Cuando nuestra hija Lisa comenzó a ir al colegio, trajo a casa una lista de posibles trabajos de voluntariado de diez páginas. Mi marido Luis y yo podíamos echar una mano en su clase, ser delegados de aula, conducir en las excursiones, participar en la asociación de padres de alumnos y profesores, ser tutores de otros niños, organizar actividades para conseguir financiación, ayudar en la biblioteca y en secretaria, participar de manera activa el día de la limpieza y ayudar en un montón de cosas más.

Después de mirar la lista, Luis dijo riéndose:

–¿Por qué no podemos colaborar simplemente dando dinero?

Cuando Martin, nuestro hijo de catorce años, iba al colegio no le pidieron a Luis que hiciera nada excepto llevarle a clase.

–Tiempos diferentes, colegios diferentes –le dije. Entonces le pregunté si debería meterme en el comité para recaudar fondos, en la subasta anual o en el día de la limpieza.

–Muéstrame el dinero –dijo–. Yo voy a estar en el comité para la recaudación de fondos. ¿Y tú?

Le dije que para empezar iba a estar un día a la semana trabajando como voluntaria en la clase de Lisa y que también conduciría en alguna de las excursiones.

–Suena bien –me dijo.

No puedo explicar lo maravillosa que esta experiencia ha sido para mí. Estoy tan contenta de haber tenido la oportunidad de jugar un papel tan activo en el colegio de Lisa. Trabajar como voluntaria en el colegio fue maravilloso. No sólo desarrollé una relación con su profesora sino que también puede ver con qué niños jugaba, hacer que se vieran fuera de clase y conocer a un montón de madres. Las excursiones eran verdaderamente divertidas.

Después de un año en el comité de recaudación, Luis se presentó como voluntario para ser su presidente. Al año siguiente el comité recaudó 50.000 dólares (el doble de lo que habían conseguido el año anterior). Luis trabaja en el campo del marketing y suele tener grandes ideas. Los padres en su comité eran muy receptivos y trabajaban mucho.

Lo más interesante es que el nuestro no es un colegio que tenga mucho dinero. La mayoría de los padres son de clase media con salarios bastante discretos. Pero educar a nuestros hijos es nuestra principal prioridad. Nunca he trabajado como voluntaria en algo que me diera tanta satisfacción.

Cuando camino con Lisa cada día al colegio y me encuentro con tantos padres, sé que finalmente me siento parte de una comunidad maravillosa.

Los padres y los profesores como compañeros

Natalie Thomas ha trabajado como profesora de enseñanza primaria durante quince años. Enseña en *George H. Conley Elementary School* en Rosindale, Massachussets.

Mucho antes de que el niño empiece a ir al colegio vosotros, los padres, sois los primeros profesores. Al hablarles escuchan vuestras palabras y aprenden a comunicarse. Al leerles desarrollan el amor por los libros. Al darles afecto les facilitáis que se sientan bien consigo mismos. Les alabáis de manera que todo lo que consiguen (grande o pequeño) les sirve para sentirse capaces y competentes. Es el tipo de apoyo que les permite tener confianza en sí mismos a medida que van encontrando experiencias nuevas.

Liz, madre de Darte, 6 años

Trabajo a tiempo completo así que no puedo ofrecerme como voluntaria en la clase, pero saco tiempo para conducir en las excursiones y eso hace feliz a mi hijo.

Cuando tu hijo empieza a ir al colegio, tu actitud, de nuevo, se convierte en un elemento que les afecta. Tus ganas de participar en su clase y en las actividades del colegio es un síntoma de interés. Tu entusiasmo por su experiencia escolar les proporciona un modelo emocional. En resumen, si tú estás contento, él también lo estará. Y una de las mejores formas de lograr esto es a través de tener una buena comunicación con su profesor. Que su profesor y tú seáis compañeros implica ser capaz de dar y recibir. A continuación, hay algunas recomendaciones sobre la manera de establecer este tipo de relación.

Tama, madre de Stacy, 5 años

Trabajar como voluntario es una experiencia maravillosa. En nuestro colegio, sólo puedes participar como voluntario de manera regular en el primer año de colegio del niño. También es una manera estupenda de hacer nuevos amigos.

Los profesores como compañeros

- Antes de que empiece el colegio, proporciona un programa de orientación tanto para padres como alumnos que les introduzca en el mundo del colegio.

- Una vez que el niño esté matriculado, dale a los padres información sobre tus objetivos e intenta responder a sus expectativas.

- Las cartas a las casas son un buen medio de comunicación.

- Planea hacer visitas a los padres en sus casas, llamarles por teléfono, invitarles a ir a clase y reunirte con ellos.

- Haz una presentación pública del programa de tu clase en el día de puertas abiertas del colegio.

- Comenta o reflexiona sobre el trabajo de los alumnos.

- Utiliza tablones de anuncios donde puedas dar información de interés para los padres.

- Expón públicamente el trabajo de los niños.

Los padres como compañeros

- Conviértete en representante de la clase; colabora en la comunicación telefónica entre los padres elaborando una lista de teléfonos que os permita estar en contacto.

- Rellena el formulario que corresponda en donde detalles aquellas cosas en las que estarías dispuesto a participar (todo lo que sepas hacer y puedas ofrecer es interesante).

- Conduce en las excursiones.

- Lee libros para la clase.

- Ayuda con las tutorías; participa en los grupos de apoyo.

- Ayuda mediante el trabajo burocrático o de mantenimiento de las instalaciones.

- Comparte tu saber culinario y ayuda durante la merienda.

- Haz disfraces.

- Participa en actividades multiculturales, las fiestas de cumpleaños y las celebraciones de vacaciones.

Los padres ayudan a los hijos a aprender

Shelly Quinn es profesora de segundo ciclo de educación infantil en _Home Elementary School_ en Stickney, Illinois.

Para tener a los padres informados, les mando a casa cada viernes una hoja informativa detallando las actividades de la semana. En esta hoja incluyo una lista de las cosas con las que los padres pueden contribuir para ciertas actividades (esto ayuda sobre todo a las madres que trabajan fuera de casa a sentir que están contribuyendo de algún modo). Como parte de nuestra rutina diaria, invitó a los padres a trabajar como voluntarios con grupos pequeños. Los padres pueden leer historias u observar a su hijo mientras le enseña qué es un calendario. No animo, sin embargo, a los padres a venir sólo de vez en cuando, sin regularidad, ya que esto solamente crea desconcierto. Alguna vez un niño puede portarse peor si su padre o su madre están en clase y, obviamente, esto tampoco es bueno. También he enviado juegos y otros proyectos para hacer en casa que implican la asistencia de los padres (esto también les encanta a las madres que trabajan fuera de casa).

Cuando los padres se implican en la clase de manera activa, el profesor tiene más oportunidades de trabajar con pequeños grupos sin interrupciones. Es maravilloso para los niños tener a otro adulto a quien acudir. Los niños sienten un orgullo muy grande cuando sus padres vienen a clase o participan en alguna excursión. El único momento en el que desaconsejo la implicación de los padres es cuando el niño está muy apegado a algunos de los padres y el padre o la madre sólo le prestan atención a él.

Sandra, madre de Donny, 17 meses, y Suzi, 6 años

Trabajo en casa, así que tengo cierta libertad para participar en las actividades del colegio durante el día. Nuestro colegio es muy pequeño. Se supone que los padres deben participar. Como no tenemos cafetería, nosotros cocinamos el almuerzo cuatro días a la semana.

Implicación de los padres

Una de las cosas más sencillas que puede hacer un padre es revisar la cartera de su hijo a diario. Me he encontrado todo tipo de notas, papeles y hojas informativas atrasadas en las carteras de los niños. Debes intentar apoyar a tu hijo en lo que haga e interesarte por sus tareas. También animo a los padres a usar mi hoja informativa como el punto de partida de una conversación con su hijo sobre su día en el colegio. Pienso que una buena rutina cuando el niño está de vuelta en casa es fundamental. Es importante que cada día haya tiempo para revisar la cartera, hacer las tareas, discutir sobre los comentarios que el profesor le haya dado. Una de las formas más importantes en la que los padres pueden hacer que sus hijos triunfen en clase es conociendo y apoyando al profesor. Dejar que los niños vean en la televisión imágenes de cómo un niño se porta mal cuando ha tenido problemas en el colegio es enviarle mensajes contradictorios.

La implicación de los padres normalmente va acompañada de un buen comportamiento del niño en el colegio. Los padres que piensan que el colegio es importante se lo transmiten a sus hijos; como resultado, su asistencia y su actuación en clase es mejor. La clave del éxito en clase es que se apoye desde casa. Esto implica tanto el refuerzo positivo de conductas apropiadas como el reconocimiento de los problemas de comportamiento si los hay.

Uno de los temas más difíciles para los padres es dejar que los hijos sean independientes a partir de que van al colegio. Este paso tan importante es fundamental en esta etapa del niño. Con frecuencia es más difícil para los padres que para el niño. Llegar al colegio es un momento importante en el desarrollo de la independencia, de la confianza en uno mismo y debe ser tratado de una manera alegre y positiva.

Paul, padre de Meredith, 6 años, y Brittany, 8

Ser padre soltero era un problema. Participaba como representante de la clase, pero ninguna de las madres o padres me llamó jamás para ser parte de su lista de teléfonos. Cuando el profesor intervino todo cambió.

Jugar

Mi mujer no paraba de decirme que el juego era una forma de expresión, un medio para que los niños aprendiesen y se relacionasen. Pero cuando me tomé un día libre para asistir como voluntario a la clase de uno de mis hijos, lo que vi fueron niños tirándose legos los unos a los otros.

Booth, padre de Kenyon, 5 años, y Wade, 7.

–¿Hasta qué punto es importante el juego en esta etapa? –le pregunté a Bernie un fin de semana que estaba en el estudio pintando una de sus acuarelas. No me contestó de inmediato, por lo que pensé que no me había oído. Tenía puesto a Vivaldi a todo volumen en el equipo de música y parecía completamente absorto en sus pensamientos. Carraspeé con el propósito de llamar su atención.

–Bernie –dije repitiendo lo que ya le había dicho antes–, ¿hasta qué punto crees que es importante...?

Antes de que pudiera acabar mi frase Bernie se acercó al equipo, bajó el volumen de la música y volvió a su silla colocada justo enfrente de mí. Me miró a los ojos y algo molesto porque le había interrumpido me dijo:

–¡Muchísimo!

–¿Tienes alguna opinión sobre el juego libre, el juego dirigido, el juego dramático y el juego al aire libre? –le pregunté entusiasmada ignorando su patente desinterés.

Gruñó. Después de un rato dijo algo preocupado:

–Sabes, quizás deberías tomarte un día libre. Descansa y lee.

–¿Por qué? –le pregunté verdaderamente sorprendida.

–¡Cariño, jugar no es más que eso, jugar! Creo que lo estás complicando más de la cuenta.

–No, escúchame un momento –le respondí impaciente–. Yo también solía pensar que un juego era un juego y nada más, pero no es así. Como decía Friedrich Froebel, que es prácticamente el creador del concepto del *kindergarten* o jardín de infancia, «El juego es la actividad más espiritual, la más pura del hombre en esta etapa y, al mismo tiempo, propia de la vida humana en su totalidad, de la vida natural escondida e interna del hombre y de todas las cosas. Aporta alegría, libertad, satisfacción, descanso interior y exterior, y nos pone en paz con el mundo».

Bernie me miró perplejo, pero no intentó interrumpirme.

–Hay diferencias importantes entre los distintos tipos de juego –continué sin apenas tomar aliento–. Sabes, acabo de leer este libro, *Joyful Learning in Kindergarten,* en el cual su autor, Bobbi Fisher, hace un estudio cuantitativo del juego. Habla del juego «libre», que es simplemente eso; los niños son libres de elegir los materiales con los que quieren jugar.

Cerró los ojos por un momento y probablemente se hubiera tapado los oídos si no hubiera sido porque era una respuesta demasiado infantil. Por supuesto, yo ni me inmuté y seguí hablando entusiasmada como si me hubiera convertido por un momento en una especie de predicador televisivo:

–El juego «dirigido», ya sea individual o en grupo, está más enfocado hacia un objetivo concreto y es canalizado o facilitado por un profesor.

Aunque los ojos de Bernie se estaban cerrando, yo seguía insistiendo. Hasta que, obviamente en un intento de evitar que esta conversación continuase, Bernie dijo:

–Asumo que el juego «dramático» fomenta la expresión de emociones y el juego «al aire libre» permite que el niño disfrute del aroma de las flores, por así decirlo.

–Precisamente –le contesté totalmente entusiasmada.

–¿No piensas que quizás estés un poco obsesionada con el concepto del juego? –me dijo.

–¡En absoluto! –respondí enfadada.

–Cuando Alex empezó a ir al colegio, ¿en qué tipo de juego participaba? –me preguntó Bernie.

–No tengo ni idea. ¿Quién podía decir que había tal cantidad de tipos diferentes de juegos?

–Cuándo eras pequeña, ¿cómo y dónde jugabas? –me preguntó.

–Al aire libre. Pero obviamente se ha investigado mucho sobre el tema desde entonces.

–Cuando era pequeño, jugábamos dentro de casa en invierno porque nevaba. Jugábamos al aire libre en primavera, verano y otoño porque el tiempo era mejor. Nadábamos en una piscina pública, montábamos en bicicleta, dábamos vueltas por nuestro barrio y jugábamos con la pelota.

–Cariño –le dije esperando no molestarle–. Me temo que estás hablando de la adquisición de habilidades motoras en lugar del juego.

Negó con la cabeza y me miró como si fuera un marciano, puso de nuevo su disco de Vivaldi y se volvió a sentar para seguir pintando.

–¡Está bien! –le dije algo enojada y me marché a lanzar aros con Alex que, desde luego, había sido mucho más receptivo la vez que le di una breve conferencia sobre el tema.

Tras pasar un rato jugando con él, se volvió a mí y me dijo:

–Esta actividad de desarrollo motor es divertida; casi parece un juego.

Le acaricié la cabeza y sonreí. Al menos alguien me entendía.

Marjorie, madre de Brendon, 6 años, y Johnny, 11

Aunque soy profesora de enseñanza media, sé que los niños aprenden mediante el juego. Pero me da la impresión de que el colegio tiende a darle más importancia a lo académico que al juego.

Aprender jugando

Jerome L. Singer, *Ph.D.*, es profesor de Psicología en la Universidad de Yale y codirector del *Yale University Family Televisión Research and Consultation Center.* Es también el autor junto con su mujer, Dorothy G. Singer, *Ph.D.*, de *The House of Make-Believe: Children´s Play and Developing Imagination.*

¿Por qué es tan importante que los niños jueguen?

Hay diferentes tipos de juego y cada uno tiene beneficios para el niño. El juego motor es aquél en el que el niño practica ciertas habilidades y movimientos que mejoran su agilidad y movilidad. Son divertidos además de ser un elemento importante para el crecimiento del niño.

Otro tipo de juego es el juego de ficción o juego simbólico en el cual los niños inventan historias que ellos mismos representan como si se tratase de una obra de teatro. El juego de ficción comienza a los dos años y medio o tres y dura hasta los seis años, fecha en la que el niño tiende a inhibirlo. A medida que el niño crece, el juego de ficción se convierte en la base de los recursos internos de su imaginación, algo que como adulto necesitará. Este tipo de juego imaginativo se asocia con la reproducción de nuevos roles, nuevas maneras de comportarse en relación con el otro y de resolver problemas. Los niños practican nuevos conceptos y vocabulario en el juego. También mejoran ciertas habilidades o destrezas como la facilidad para contar (el cómputo). Lo más importante de todo es que, tal y como demuestran nuestros estudios, el juego es algo divertido que hace a los niños felices. Lo que hacen los niños es tomar una parte del mundo real y ponerlo bajo su control aunque sea en miniatura.

Deborah, madre de Roger, 6 años, y Ethan, 8

La casa está para jugar y el colegio para aprender.

El juego de ficción alcanza su mayor auge entre los cuatro y los cinco años. Aunque no desaparece del todo, los niños aprenden que no es un comportamiento aceptable decir todo lo que piensan en alto. Necesitan aprender a reprimirse para que el juego de ficción entre a formar parte de su imaginación. Sabemos que los niños que juegan imaginativamente tienden también a ser más creativos y se comportan mejor. Al mismo tiempo son menos agresivos.

Los niños que son agresivos normalmente al principio quieren de verdad jugar, pero muy pronto comienzan a pegarle a sus compañeros.

Los niños que juegan de modo imaginativo, a los que, por otra parte, se les ha animado desde su entorno familiar a que jueguen así, suelen intentar pegar a los otros con menos frecuencia. Tienden además a cooperar con los demás para procurar que el juego continúe. Son flexibles y no les importa tener que adoptar distintos papeles: unas veces pueden ser el héroe y otras no. No les importa.

Otro tipo de juegos que comienza a esta edad son los que tienen reglas definidas. Estos juegos les enseñan a los niños a controlarse, además de autodisciplina y la importancia de saber respetar los turnos de cada uno. Esto constituye una especie de ensayo de lo que supone vivir en sociedad. Los juegos de reglas son importantes y con mucha frecuencia pueden combinarse con historias inventadas. De manera que los niños pueden lograr el beneficio de ambos tipos de juegos: los de ficción y los de reglas.

¿Qué efecto tiene el énfasis en la formación académica sobre el juego?

No tengo objeción alguna en cuanto a lo académico hasta cierto punto, pero creo que la forma en la que los niños progresan verdaderamente es si lo académico se trabaja a través de juegos de comportamiento. De otra forma, aprender se hace aburrido y no están lo suficientemente motivados. Si introduces conceptos nuevos en forma de historias o de pequeñas dramatizaciones, puedes conseguir despertar la curiosidad de los niños. Les encanta actuar y el profesor puede trabajar sobre el vocabulario y los conceptos. La clave es intentar hacer del juego algo divertido.

¿Qué tipo de juego deberían fomentar los padres?

Las bases de la formación de una buena imaginación deben empezar antes de que el niño llegue al colegio. La imaginación se desarrolla a partir de que los padres le hablan al niño.

Hay muchos estudios que demuestran que muchos padres apenas se dirigen a sus hijos más que para reñirles o darles órdenes. Tan pronto como sea posible, los padres deben hablarle al niño, explicarle cosas, contarle historias y leerle antes de que se quede dormido. A través de contarle historias y de animarle a que hable y explore, se consigue crear en el niño una preparación para el juego de ficción. Los padres deberían sentarse en el suelo con sus hijos e iniciar juegos de ficción con ellos. Los niños realmente necesitan ese empujón, pero una vez que han empezado en realidad no quieren que sus padres sigan jugando, quieren controlar el juego ellos.

El juego en el primer año de colegio

Jack Fontanella es profesor en *Harborview Elementary School* en Juneau, Alaska.

En esta etapa el juego lo es todo y todo es juego. El juego es la manera en la que los niños de cinco y seis años se relacionan con el mundo. A través del juego aprendemos muchas cosas. Aprendemos a relacionarnos socialmente, a hacer amigos y a negociar de manera que seamos capaces de conservarlos. Imaginamos nuestro lugar en el mundo a través del juego y ensayamos roles presentes y futuros que nos ayudan a practicar y aprender habilidades importantes. Desarrollamos nuestra futura manera de pensar mediante el juego. Pero, ¿qué tiene que ver esto con mi clase?

En mi clase, el juego es una parte fundamental del programa. Comenzamos el día jugando. Enseño una gran parte de mi currículo de matemáticas a través de juegos. También practicamos la escritura a través de juegos. Por ejemplo, los niños tienen que hacer un cartel para su «tienda», o tienen que escribir un signo de «peligro» para ponerlo en alguna de sus construcciones. También jugamos a que somos camareros de un restaurante poniendo por escrito lo que los clientes quieren, o hacemos una lista de los invitados a nuestra fiesta de cumpleaños en marzo aunque estemos en octubre. Incluso aplicamos el juego a la lectura. Miramos las ilustraciones de los libros y nos inventamos las palabras o repetimos lo que recordamos de la historia. También utilizamos juegos de computadora educativos. Jugamos, jugamos y jugamos todo el día para aprender.

Como ya he dicho, comenzamos el día jugando, es decir, que la principal actividad de nuestro programa se realiza al principio del día. El tiempo de juego es una parte muy importante del día en la mayoría de las clases infantiles, pero en muchas de ellas se deja para el final. A mí me gustaría defender que se situase el juego como la primera actividad del día. A medida que los niños van entrando en clase, después de darme su tarjeta de control de asistencia, de colgar sus abrigos y colocar sus cosas, lo primero que hacen es irse a jugar con un amigo. Hay cosas sobre las mesas, plastilina y otros materiales para que puedan realizar actividades plásticas. Los padres deberían ayudar en estas actividades y ayudarnos también a empezar el día de esta manera. El aula es un espacio abierto, sin restricciones y podemos jugar con lo que queramos. El juego es calmado y concentrado, no hay mucho ruido porque los niños están acostumbrados a hablar en bajo. Compara esto con el tiempo libre del final del día cuando todos estamos un poco cansados y hasta enfadados. El tono de voz es normalmente más alto y si te fijas bien se ve mucha distracción. ¿Por qué no empezar el día con la actividad preferida del niño? ¿Acaso no sería maravilloso acordarse de la mañana como la mejor parte del día?

Leer

Nuestro principal objetivo en clase es leer. Solían usar el método de aproximación al lenguaje; ahora se usa más el fónico. Nuestro programa de lectura funciona de verdad.

Vivian, madre de Erick, 8 años.

Alex aprendió a leer en segundo de primaria. Una noche mientras le leía un cuento bastante complejo, me dijo:

—Te has saltado una palabra.

—¿Cómo lo sabes? —le pregunté sorprendida.

—Porque lo leí.

—¿Lo leíste? ¿Qué más puedes leer?

Comenzó a leerme el párrafo siguiente. Llamé a Bernie para que viniera a la habitación. Vino corriendo porque creía que pasaba algo terrible. Le dije entusiasmada:

—Alex sabe leer.

—¿Sabe leer? —preguntó sorprendido.

Alex que estaba muy seguro de sí, le leyó otro párrafo a Bernie. Ambos nos reímos preguntándonos si quizás no habíamos prestado la atención suficiente a las actividades de Alex en el colegio.

Aunque esta historia sobre la habilidad latente de Alex para leer nos resultaba graciosa tanto a mí como a mis amigos, no lo es en absoluto para las madres y los padres de los niños que van por primera vez al colegio. De hecho, incluso mi amiga Donna estaba estresadísima al saber que su hijo menor, Benjie, no leía todavía al entrar en el colegio.

—¿Por qué estás tan preocupada? —le pregunté.

—Porque Benjie lleva cuatro meses en el colegio y todavía no sabe leer.

—¿Y qué? ¿Cuándo aprendió Willa —su hija mayor, que estaba en la clase de Alex— a leer?

—En el colegio. Por eso Sal —su marido— y yo estamos tan preocupados.

—¡Por el amor de Dios, Donna! —le dije—, ¿cuándo te has vuelto una «madre de esas»?

Cuando nuestros hijos estaban juntos en el colegio, solíamos bromear sobre las madres ambiciosas y competitivas que querían que sus hijos fueran los mejores y los primeros en todo.

—Para ti es fácil decirlo. Las cosas eran diferentes cuando Alex y Willa estaban en el colegio. Ahora hay mucha más presión para que aprendan antes.

—¿Quieres decir que a su profesor le preocupa este tema?

—No —dijo.

—¿Entonces quién se preocupa? —le pregunté.

Bajó la cabeza y murmuró:

—Yo.

—¿Por qué? —le dije extrañada.

—Porque cinco de cada veinte compañeros de Bernie saben leer. Algunos de los padres cuyos hijos no saben leer les han metido en cursos extraescolares para que aprendan. Otros practican en casa cada noche. No quiero que Bernie esté en desventaja.

—Venga, Donna —le dije—. Peor era cuando en clase de Alex y Willa había ese par de niños que ya leía, y no porque sus padres les hubieran enseñado a hacerlo sino porque simplemente sabían hacerlo. Willa fue una de las primeras en aprender y Alex no lo logró hasta dos años más tarde. Y cuando lo hizo leía como un niño dos años mayor que él. ¿Por qué estás tan preocupada por Benjie?

–¿Y si tiene algún problema? –me preguntó.

–No sé ni siquiera si te lo pueden decir en esta etapa –le respondí–. ¿Qué te ha dicho su profesora?

–Que no me preocupe.

–Entonces deja de preocuparte. ¿Eres consciente de por qué hay toda esa presión para que los niños aprendan a leer, a escribir y a contar?

–Sé que tiene que ver con las evaluaciones, pero eso no me ayuda a sentirme mejor.

–En otras palabras, aunque sabes que los encargados de la política educativa del distrito están presionando a los profesores y a los directores para que los resultados en las pruebas de lectura mejoren y que hay niños que todavía no están preparados para leer, ¿aún así te preocupas?

–Bueno –dijo tranquilizándose por un momento–, ¿pero qué me dices del método fonético?

–¿Qué pasa con eso?

–¿No crees que a Benjie le deberían enseñar a leer utilizando ese método?

–No, no lo creo. Creo que toda esta cuestión se te está yendo de las manos. Supongo que hay un momento en el que un niño que no sea capaz de leer se ve como un problema, pero imagino que los profesores están ahí para darse cuenta de ello. Si no lo hacen, siempre puedes pedir que le realicen algún tipo de prueba.

–¿Cómo puedo saber cuándo es el momento de preguntar?

–Donna –le dije totalmente frustrada–. Sé que llevamos un tiempo sin vernos pero, ¿cuándo te has vuelto tan neurótica?

Finalmente se rió.

–Ahora que lo dices, ¿verdad que es absurdo?

–Creo que has estado con el grupo de gente equivocado. Los padres de los niños que entran en el colegio están muy estresados; piensa en cómo estábamos nosotros y ahora que nuestros hijos están en quinto no nos extraña nada.

–Entonces, ¿adónde vas a llevar a Alex cuando tenga que ir al instituto? –me preguntó burlona.

–Está bien –admití–. Sí que queda alguna preocupación que otra.

–Te pillé –dijo.

Asentí con la cabeza.

Karen, madre de Rami, 6 años

Nuestra clase tiene un taller de lectura que ocupa una parte no muy grande de la clase en la que hay dos estanterías bajas llenas de libros y una mecedora. Cada tarde la profesora les lee a los niños. Mi hija puede deletrear algunas palabras; es sorprendente.

Leer y expresarse

Michael F. Graves es profesor de Proyecto curricular e Instrucción en la Universidad de Minnesota-Twin Cities *y coautor de Teaching Reading in the 21st Century* y *The Essentials of Elementary Reading.*

¿Cuáles son los elementos de un buen programa de aproximación a la lectura?

En un buen programa de aproximación a la lectura se dan tres componentes. Lo que hay que tener en cuenta es que no se puede establecer ningún tipo de prioridad entre ellos, sino que deben figurar absolutamente todos.

El primer componente consiste en ayudar a que los niños se sientan cómodos en el ambiente de la clase.

El segundo componente consiste en darles a los niños conocimientos básicos sobre la forma y la función de lo escrito.

El tercer componente pretende crear en el niño un deseo por la lectura, enseñarle a que la aprecie, promover su interés por los libros y por otros materiales de lectura e insistir en darles confianza en sí mismos para que se sientan capaces de aprender. Así que los tres componentes se usan en el colegio, tener una cierta formación teórica sobre lo que está escrito y crear en el niño un apego por la lectura, a la vez que cierta confianza que le permita sentirse capaz de aprender. La gente suele irse a los extremos, pero es fundamental incluir los tres componentes de una manera equilibrada.

El segundo componente merece una explicación. El conocimiento sobre la forma básica y la función de lo escrito implica aprender lo siguiente:

- Lo escrito, al igual que lo hablado, comunica un contenido. Lo que dice el niño puede ser registrado mediante la escritura y leído por él y sus compañeros.

- Los libros y otros materiales de lectura contienen historias y otro tipo de cosas.

- Se lee de izquierda a derecha, de arriba abajo y de delante hacia atrás.

- Los libros tienen palabras.

- Las palabras son cosas separadas por espacios y compuestas de letras individuales.

- Las letras representan sonidos.

El segundo componente incluye también el desarrollo de la conciencia fonética o el reconocimiento de que las palabras están compuestas de sonidos independientes. La conciencia fonética es importante porque si los niños no pueden oír y apreciar que las palabras están hechas a base de sonidos que se pueden separar, entonces intentar instruirles sobre los fonemas (la relación entre los sonidos y las letras) no tiene ningún sentido para ellos. Sólo recientemente los educadores han reconocido la importancia que tiene lograr adquirir una conciencia fonética. El problema actual es que, a pesar de que se reconoce la importancia que tiene dicha conciencia fonética, algunos colegios e incluso estados han llegado a la decisión de promoverla con más ahínco de lo necesario. El mensaje sería que muchas cosas son importantes y no sólo una parte.

Por ejemplo, además de la conciencia fonética, los niños deberían terminar la educación infantil siendo capaces de distinguir y probablemente de escribir la mayoría de las letras del abecedario.

¿Qué método de enseñanza es mejor?

En esta etapa todavía no se tiene el método tan en cuenta como más adelante, cuando el niño ya está en primaria. Si entendemos el método como aquello a lo que el profesor concede mayor importancia en cuanto que es aquello en lo que más insiste, entonces habría que asegurarse de que los tres componentes mencionados estuvieran siempre presentes. Si lo que te encuentras son profesores exclusivamente interesados en la vertiente afectiva de la lectura, su único objetivo será lograr que los niños amen los libros y eso no va a surtir efecto. Por otra parte, si tienes profesores cuyo objetivo principal es enseñar a los niños parte de la mecánica de la lectura, también será una aproximación equivocada. Los tres componentes que he señalado son esenciales. Un profesor con inclinación hacia el método fónico o bien hacia el método de aproximación a la lectura debe tener bien claros los tres elementos mencionados para que su programa de lectura funcione.

¿Qué preguntas deberían hacer los padres para poder evaluar los programas de aprendizaje de la lectura en el colegio?

- ¿Tiene en cuenta el colegio los tres componentes citados y en qué medida? Lo que deberían buscar sería un cierto equilibrio.

- ¿De qué manera lo que se hace en el colegio para los niños de entre cuatro y cinco años está relacionado, conecta e interacciona con lo que los niños harán en primaria?

- ¿Hasta qué punto la configuración del programa tiene en cuenta la posible adaptación del niño a otro colegio o distrito?

La señora Alfabeto

Anne Lynch, más conocida como la señora Alfabeto, ha sido profesora de educación infantil durante treinta y dos años y hoy en día desarrolla materiales para enseñar el abecedario. Vive en Parklands, Florida.

Aprender el abecedario puede ser sencillo para algunos niños, pero otros lo encuentran difícil y necesitan una aproximación más progresiva. Al igual que gatear antes de andar, el alfabeto es el modelo estructural que sirve para adquirir una conciencia fonética, ser capaz de distinguir las palabras y leer. Mi nombre es señora Alfabeto y hago que aprender el abecedario sea sólo un juego.

La capacidad para reconocer el alfabeto es el fundamento del posterior desarrollo como lector del niño. He hallado que los mejores métodos para enseñar el alfabeto dependen del tipo de aprendizaje que domine en el niño.

- Las asociaciones ponen a trabajar a la mente y ayudan al niño a recordar el nombre de las letras a través de lo que ya conoce. Las iniciales de los nombres que he usado para nombrar a los personajes de mi alfabeto forman el abecedario al completo. Por ejemplo *E* de Eve, *G* de Gina y *P* de Peter. De manera que cuando les preguntó a mis alumnos a cuál de los personajes del abecedario les gusta pintar todos responden que a Peter.

- Algunos niños aprenden mucho a través de lo que oyen y precisamente se guían por lo que han oído para aprender el alfabeto. Las canciones, los objetos con forma de letra que se pueden colocar en los dedos y los poemas pueden ayudar a los alumnos a aprenderse el alfabeto.

- Los modelos visuales de las letras se convierten en algo vivo si le cuentas al niño una historia o sigues una secuencia para ayudarle a aprendérselo. Tengo pocas historias y poemas sobre cada letra del abecedario, pero, por ejemplo, la *M* es una montaña y la *S* es una serpiente. Apuntar a las letras a la vez que se canta una canción también refuerza el modelo visual. Los códigos de colores, las letras decoradas de manera atractiva a la vista, los libros del alfabeto y las tarjetas ayudan a que el niño identifique las letras y recuerde el alfabeto.

- Las actividades de tipo kinésico que requieren que el niño se implique en el proceso de aprendizaje refuerzan la habilidad de reconocer los nombres de las letras. Los juegos, los puzzles, las aplicaciones informáticas, los juegos interactivos en Internet y los movimientos que se centran en distinguir el alfabeto a través de lecciones prácticas favorecen el proceso de reconocimiento.

Recuerda que los niños se diferencian en la manera de procesar la información y que cuantas más estrategias, más material escrito incorpores como parte de la decoración de la clase y más equilibrado sea el currículo, más oportunidades tendrán de dominar el alfabeto. Una vez que el niño se lo sabe, puede continuar avanzando a través de aprender fonética, rimas, series, el orden alfabético, a escribir, a dividir palabras y a leer.

Catherine, madre de Claudia, 2 años, y Nina, 6

Los niños escriben en su diario dos veces al día. Escriben las palabras tal y como las oyen sin ningún tipo de corrección. Además, la profesora les hace firmar todos los días de manera que tanto ella como nosotros podemos ver sus progresos.

Matemáticas

Yo solía ser buena en matemáticas hasta séptimo, cuando se supone que empiezan a dárseles mal a las niñas. Pero las cosas han cambiado y Samantha tiene una gran facilidad para ellas, incluso ahora que está en la escuela infantil.

Erica, madre de Samantha, 10 años.

Cuando Robin estaba en la escuela infantil, no teníamos ni idea de lo buena que era con las matemáticas. Mi exmarido y yo creíamos que sólo podía contar hasta veinte porque nunca había ido más allá. Mi segundo marido es un viudo con hijos.

Cuando me volví a casar, Robin se encontró con que tenía hermanos mayores, a partir de ahí descubrimos que Robin sabía contar hasta cien. Nos enteramos porque su nuevo hermano, Brad, de siete años y su hermana Pennie nos los dijeron. Robin es toda una matemática.

Al presumir Brad de hasta donde podía contar, Robin reveló su talento. Cuando le pregunté a Robin por qué no me lo había dicho antes, me dijo que no se lo había preguntado nunca. ¡Cielos!, me sentí culpable.

Cuando Robin empezó a ir al colegio, estaba claro que tenía una habilidad matemática mayor que la del resto de sus compañeros. Mi amiga Kathy me dijo que su hija Marisa no podía apenas contar hasta diez, pero era muy creativa cuando jugaba con sus muñecas. La madre de Eddie, Arlene, me dijo que Eddie podía contar, pero que no podía escribir, así que no era para tanto.

Lo que me resulta más curioso es que Robin no tenga una predisposición para las matemáticas. Me considero a mí misma una analfabeta matemática. No es que no sea inteligente; tengo un master en literatura inglesa. Es simplemente que las matemáticas me ponen nerviosa. No estoy convencida de que mi exmarido, que está licenciado en comunicaciones, pueda ni siquiera sumar. Por supuesto, ésta es la opinión de una exmujer.

De todas formas, la profesora de Robin en la escuela infantil se dio cuenta desde el principio de que se le daban bien las matemáticas. Robin sabía contar de dos en dos, clasificar por formas y ordenar objetos. Como había tres niños más que estaban al mismo nivel que Robin, los ponían juntos para que hicieran actividades más complejas. La profesora llamaba a esto *individualización*, que significa que se enseña al niño en función de su propio nivel de habilidad.

Mi única preocupación era que Robin pudiera aburrirse en el curso siguiente por ir más avanzada en éste. Pero la profesora me aseguró que no sería así.

En primero de primaria estaba en una clase de niños de primer y segundo curso. En segundo pasó lo mismo, y aquí pudo ayudar a los niños que más lo necesitaban. Eso fue muy positivo porque le enseñó a ser paciente.

El único problema que queda por resolver es que creo que alcanzaré mi techo en matemáticas cuando Robin llegue al instituto. Es una suerte que tanto a mi marido como a mis nuevos hijos se les den tan bien. De todas formas, estoy pensando en apuntarme a una clase de matemáticas para adultos porque me estoy empezando a sentir avergonzada. Robin me ha prometido que me ayudará con las tareas y supongo que eso es bueno. Pero, ¿quién iba a pensar que me daría clases mi hija de nueve años?

Descubrir las matemáticas

Douglas H. Clements, *Ph.D.*, es profesor de Pedagogía en la *State University of New York* en Buffalo.

¿Cuántas matemáticas deberían aprender los niños antes de ir al colegio?

Idealmente, los profesores no deberían esperar que los niños al empezar el colegio dominasen una serie de destrezas, hay que tener en cuenta que las diferencias culturales e individuales repercuten en el aprendizaje del niño.

Según el *National Council of Teachers of Mathematics*, del cual soy miembro, una base sólida sobre los números y la geometría constituyen una base sólida para el niño que está en la escuela infantil.

En nuestro proyecto, *Building Blocks* de la *State University of New York* en Buffalo, tenemos las mismas expectativas. Especificamos objetivos para los niños sin por ello pretender crear expectativas rígidas para un nivel determinado.

De todos modos, una cosa sí que es cierta: la mayor parte de los niños tienen competencias matemáticas y habilidades que sobrepasan lo que los adultos creen.

En *Building Blocks*, trabajamos con los números con niños que todavía están en la escuela infantil para desarrollar su habilidad de cara a:

- Contar objetos (recuento o cómputo racional) hasta diez (o más) de manera comprensiva.

- Contar en alto (contar de memoria) hasta trece o más.

- Conocer el número siguiente en la serie de los diez primeros números.

- Reconocer a simple vista grupos de tres, cuatro o cinco objetos.

- Usar el recuento para comparar grupos de cosas (más/menos).

- Resolver problemas simples, problemas de sumas con números pequeños.

- Dividir objetos entre varias personas.

En geometría estamos trabajando con los niños para ayudarles a desarrollar su habilidad para:

- Reconocer las formas, incluso las que no son estándar o no responden al prototipo que se tiene de ellas.

- Poner figuras juntas para hacer otras.

- Usar imágenes de mapas muy simples para aprender a orientarse.

- Determinar formas congruentes.

- Hacer coincidir los largos de varias cosas.

Es muy importante destacar que muchos de estos objetivos se usan con niños de preescolar y continúan usándose durante el primer año de colegio.

Victor, padre de Nick, 5 años, Lisa, 8, y Ryan, 10

Nuestro hijo Nick también podía sumar cifras de dos dígitos antes de empezar a ir al colegio. Su hermana mayor le había enseñado, pero pienso que también tenía un cierto talento para las matemáticas.

¿En qué consiste un buen programa de matemáticas?

Para el niño en edad temprana, una aproximación de calidad a las matemáticas tiene que ver con ponerse a prueba y ser capaz de pasarlo bien, no con imposiciones o presiones. Una buena aproximación a las matemáticas a edad temprana va más allá de contar y sumar. Supone también hacer actividades que permitan al niño distinguir qué niño de la clase es mayor y dibujar mapas que describan dónde se halla el tesoro escondido en el patio, por ejemplo. También se puede pedir a cada niño que consiga suficientes lápices para los niños de su grupo y desafiarles a que los niños calculen y se aseguren del número de pasos que hay que recorrer hasta el patio.

Todo a nuestro alrededor se puede entender mejor a través de las matemáticas. Los primeros años en la educación del niño son los mejores para hacer que se interese por contar, clasificar, construir formas, medir o calcular. Las matemáticas de calidad a este nivel no han de ser una versión descafeinada de las matemáticas de niveles superiores. En lugar de eso hay que invitar al niño a que experimente con las matemáticas a medida que juega y toma conciencia del mundo que le rodea.

Los niños a esta edad construyen activamente su conocimiento matemático. De igual manera, también lo hacen personas de todas las edades, pero los niños de entre 4 y 6 años son un caso especial y necesitamos planificar su enseñanza con cuidado. Consideremos dos de sus características especiales. En primer lugar, las ideas que los niños elaboran en este nivel son completamente diferentes de las de los adultos. Los profesores deben ser especialmente cuidadosos y darse cuenta de que los niños perciben las situaciones, los problemas y las soluciones de manera propia y diferente. Los buenos profesores son capaces de interpretar lo que el niño hace y piensa e intentan ponerse en su lugar para entender su punto de vista. Según sus interpretaciones, son capaces de deducir lo que el niño es capaz de aprender de sus experiencias. De manera similar, cuando interaccionan con el niño, valoran sus propias acciones desde el punto de vista del niño. Esto convierte la enseñanza a niños en un trabajo exigente pero con un elevado nivel de satisfacción.

En segundo lugar, los niños no actúan como si su mundo estuviera compuesto de diversos compartimentos estancos, ya que no lo perciben de esta forma. Los profesores que obtienen buenos resultados son los que ayudan a los niños a desarrollar conocimientos prematemáticos y matemáticos a lo largo del día. Planean actividades que ayudan simultáneamente a desarrollar las capacidades intelectuales, sociales, emocionales y físicas del niño ya que a la hora de introducirse en el mundo de las matemáticas el niño lo hace mediante todas sus capacidades.

Este tipo de aprendizaje globalizado supone que el niño ha de tener un nivel alto de motivación para aprender y practicar desde su propio punto de vista. Convierte el mundo de las matemáticas en un mundo positivo, de automotivación, dirigido por uno mismo, donde el niño encuentra actividades de resolución de problemas precisamente en un momento en que sus creencias matemáticas, sus hábitos y sus sentimientos se están formando.

De todo esto se deduce que los juegos de los niños y sus intereses son la fuente de sus primeras experiencias matemáticas. Estas experiencias se convierten en matemáticas cuando son representadas y se reflexiona sobre ellas. Los niños expresan sus ideas mediante el habla, pero también a través de modelos, dramatizaciones y el arte. Cualquier actividad realizada en el centro se puede utilizar en el aprendizaje matemático: ordenación de materiales, formación de grupos, tareas de poner y quitar la mesa, actividades en el rincón de la casita, reparto de la tarta de cumpleaños, juegos de construcciones…

El aprendizaje significativo es muchas veces el resultado de lo accidental o informal. Esto no significa que no tenga que estar planificado o sistematizado. Significa que el papel de los profesores es complejo.

Las matemáticas y las ciencias

Sarah Kalsem, profesora en la *Shimek Elementary School* de Iowa City, Iowa y Thomas Rocklin, profesor de Psicología Educacional en la Universidad de Iowa han colaborado en el *Developmental Activities Program* (DAP) en Shimek.

La piedra angular de nuestro programa de matemáticas y ciencias es un currículo llamado DAP, que fue desarrollado por Darrell Phillips de la Universidad de Iowa (darrell-phillips@uiowa.edu) y Dale Phillips de la *Grantwood Area education Agency*.

DAP está fundamentalmente basado en las ideas de Piaget sobre el desarrollo cognitivo. Los niños construyen el conocimiento activamente en forma de estructuras lógicas y la secuencia en la que estas estructuras se forman está esencialmente prefijada. Por ejemplo, durante el semestre de otoño, muchos de nuestros niños desarrollan estructuras tempranas que tienen que ver con la clasificación y el orden, así como algunos conceptos numéricos básicos.

Durante el tiempo que dura el DAP, lo primero que hacen los niños es elegir un grupo de objetos. Cada grupo contiene un gran número de cosas diferentes (botones, muñecos en forma de animales, bloques y muchos más). Los niños encuentran un lugar tranquilo en la habitación donde pueden trabajar sin que les molesten o sin molestar a otros. Lo que hacen con los diversos materiales depende de ellos. A medida que trabajan, nos movemos por el aula y procuramos atender a un niño cada vez. Les hacemos preguntas pensadas para que nos descubran lo que están pensando y también para estimularles. Por ejemplo, podemos ver que el niño ha clasificado las figuras geométricas según su color. Después podemos preguntarle al niño: «¿Existe alguna otra forma de clasificarlas?».

El truco está, por supuesto, en preguntar lo pertinente. La elección de la pregunta oportuna depende del nivel de madurez del niño. Piensa en dos niños que han clasificado sus animales en dos grupos, un grupo de cerdos y un grupo de caballos. Para un niño la pregunta oportuna sería algo así como: «¿Hay más cerdos o más caballos o simplemente el mismo número?». Para otro, la pregunta apropiada sería: «¿Hay más cerdos o más animales?». La naturaleza del DAP integra la instrucción y la evaluación casi por completo. A medida que hacemos preguntas, estimulamos el pensamiento y averiguamos lo que puede hacer el niño. Tomamos notas sobre cada interacción, de forma que podemos ver el progreso que cada niño realiza.

Necesidades educativas especiales

Es una batalla constante. Primero hay que conseguir el diagnóstico correcto. Después hay que lograr el PDI (Plan de Desarrollo Individual). Después necesitas encontrar el colegio adecuado. Y, por último, rezar mucho.

Hailey, madre de Ned, 8 años.

Una tarde, Ginny, madre de tres hijos (los dos mayores, un niño y una niña, tienen necesidades especiales) vino a hablar conmigo sobre sus experiencias. Después de la típica conversación intrascendente, me preguntó:

—¿Qué es lo que quieres saber?

—¿Cómo les fue a tus hijos en el colegio? —le pregunté algo insegura. Aunque había accedido a ser entrevistada, me sentía algo incómoda a la hora de preguntarle lo que me interesaba.

Ginny logró muy pronto que me relajara.

—No es fácil responder a tu pregunta —dijo—, porque antes de llegar al colegio hubo más cosas.

Asentí. Ella continuó.

—No estábamos seguros de que Brooke tuviera un tipo de discapacidad psíquica, como lo llaman, hasta la escuela infantil —dijo negando con la cabeza como para indicar que no le importaba cual fuera la terminología correcta—. De bebé parecía una niña normal. Fue nuestra primera hija, con lo cual no teníamos con qué comparar y además su pediatra nunca indicó que tuviera ningún problema.

Al tiempo de estar en la escuela infantil, estaba claramente por detrás de sus compañeros, aún así tanto la directora del centro como la pediatra me dieron la típica explicación sobre las posibles variaciones entre el crecimiento del niño, su habilidad para aprender y demás. Mientras tanto, Arlen había nacido y al año le diagnosticaron que era autista.

En ese momento no sabía qué hacer y me preguntaba cómo podía adoptar una actitud tan positiva.

—Confieso que esos fueron los días más terribles de mi vida. Por entonces no sabíamos todavía qué le pasaba a Brooke. Le habían hecho multitud de tests. Menos mal que mi madre estaba conmigo cuando el neurólogo me dio la noticia porque sentí que me arrancaban el corazón. Cuando llegamos a casa, me encerré en la habitación y estuve llorando al menos durante treinta y seis horas seguidas.

—¿Cómo lo llevó Neal, tu marido? —le pregunté con cuidado.

—No dijo nada al respecto durante los primeros días. El tercer día entró en la habitación, me miró a los ojos y dijo: «Ginny, supongo que Arlen no será abogado y le doy gracias al cielo por ello». Ambos nos reímos hasta ponernos a llorar —me dijo Ginny—, y fue entonces cuando dejé de sentir pena de mí misma y decidí que intentaría por todos los medios encontrar ayuda para mis hijos. Sabes, hay tantas cosas que tener en cuenta con los niños que tienen necesidades especiales. Aunque parezca imposible encontrar ayuda para Brooke fue más difícil que encontrarla para Arlen.

La miré sorprendida. Hizo un gesto con la cabeza que parecía indicar que entendía perfectamente mi confusión.

—Sabes, Brooke tiene problemas, pero no son tan fáciles de identificar. Primero decidieron que era un caso dudoso de autismo, después pensaron que no lo era pero que tenía problemas de aprendizaje. Su forma de expresarse siempre ha estado por detrás de la de los niños de su edad y nunca ha alcanzado la misma madurez social que ellos. Además, el no contar con un diagnóstico hacía extraordinariamente difícil determinar cuáles eran sus necesidades escolares. Lo último que hicimos fue matricularla en un centro escolar que tiene un buen programa para niños con necesidades especiales. Siempre había ido a clases normales aunque contaba con una ayuda extra. La verdad es que no le había ido mal, pero en algunas facetas no ha progresado tanto como hubiéramos querido. Pero es difícil saber de lo que es capaz porque nadie ha dado un diagnóstico concreto. Aunque el problema de Arlen es «peor», ha sido más fácil encontrar ayuda. El autismo es un problema definido que requiere un tratamiento establecido. A la edad de dos años y medio le enviamos a un centro especializado. La intervención a edad temprana es fundamental y es parte del tratamiento. Ha tenido oportunidad de asistir a terapia con un logopeda, a clases de estimulación sensorial y a otras. Cuando llegó el momento de ir al colegio, le matriculamos en el mismo colegio al que habíamos llevado a Brooke. Aprendió a hablar en segundo y ha progresado mucho. No sabemos de lo que será capaz en el futuro y preferimos centrarnos en el día a día.

–¿Así que ir al colegio le vino bien? –le pregunté.

Cerró los ojos por un momento y recordó cómo cinco años antes, Brooke había empezado a ir al colegio.

–Con Brooke me preocupaba tanto su aceptación por parte de la clase, como que recibiese la atención que necesitaba. Como es tan tímida y «diferente» no estábamos seguros de si sería aceptada por los otros niños y por sus padres. Pero todo ha ido bien. A las pocas semanas de comenzar las clases, una niña llamada Eleanor la invitó a su casa a jugar. Brooke estaba muy emocionada y yo estaba nerviosísima. Cuando llegamos a casa de Eleanor, me tranquilicé. El ambiente era muy agradable y había muchos niños. Mary y su marido, Earl, que vienen de familias numerosas tienen ocho hijos. De todas formas, en cuanto llegamos, Eleanor tomó de la mano a Brooke y salieron corriendo para ir a jugar. Entonces me puse a hablar con la madre de Eleanor, Mary. Me sentí muy bien. Yo, que no suelo hablar de este tema con nadie, le abrí mi corazón en un momento. Mary era muy buena escuchando. Me dijo que cuando la gente viene de familias numerosas están acostumbrados a estar con niños con necesidades especiales. Una de sus hermanas tenía un problema terrible de tartamudeo y la hermana pequeña de Earl padeció una grave enfermedad cuando tenía doce años de la que casi no se salva y que le dejó como secuela la pérdida de la visión. Incluso yo en aquel momento no sabía qué decir –admitió Ginny, que hizo esta última reflexión:

–Lo mejor es que cinco años después, aunque Brooke sólo ha hecho unos pocos más de amigos, ella y Eleanor son todavía muy buenas amigas. La familia Logan se ha convertido en nuestra segunda familia. Arlen y David, que sólo tiene cinco años y es el pequeño de la familia, se han hecho amigos. Casi todos los días le agradezco al cielo que Eleanor eligiera a Brooke como amiga. Cuando Neal y yo echamos la vista atrás y pensamos en estos once años, sonreímos. Aunque nunca pensamos que nuestros hijos fueran a tener estos problemas, nos creemos con suerte. Como Neal dice, no podríamos querer a otros niños más de lo que queremos a los nuestros. Debemos haber sido especialmente elegidos para ser sus padres.

–¿Y Jay? –le preguntó a Neal. Es el más pequeño y no tiene ningún tipo de discapacidad.

–Por supuesto que a él también le queremos –comenta Neal emocionado.

Determinar quién tiene necesidades especiales

Michael S. Rosenberg, *Ph.D.,* es profesor y catedrático del Departamento de Educación Especial de la Universidad Johns-Hopkins.

¿Qué tipo de servicios ofrecen los colegios públicos a los niños con necesidades especiales?

Los servicios que prestan varían de estado a estado y de localidad a localidad. Los diferentes colegios organizan este tipo de servicios de maneras diferentes. Previamente a su entrada en el colegio ya se conocen los casos de los niños con necesidades más serias y, debido a su historial, se les ofrece inmediatamente ayuda. Por ejemplo, un niño que tiene problemas en el desarrollo del lenguaje puede disfrutar de clases de apoyo con un especialista que todos los días, durante un periodo de tiempo determinado, trabajará con él sobre aspectos concretos. Algunos distritos pueden contar con especialistas en trastornos del comportamiento para poder trabajar con niños que tengan problemas de este tipo. En general, los servicios ofrecidos dependen de lo grave de la discapacidad y de si ha sido identificada.

En los primeros años de colegio, debido a que existe una gran variedad de comportamientos y de habilidades en los niños de la misma edad, una discapacidad puede no ser identificada a menos que sea muy grave. Muchos niños, algunos de los cuales puede ser que no hayan ni siquiera ido a la escuela infantil, pueden encontrarse con un cambio tremendo en el tipo de lenguaje utilizado, la calidad del discurso, la manera de comportarse y de socializar. De manera que, en el colegio, los profesores intentan evaluar a los niños a través de examinar los diferentes perfiles de desarrollo. Algunos niños los cumplen y otros no. Las diferencias en el lenguaje y en el comportamiento son a veces síntomas de posibles discapacidades. Los niños cuyas necesidades son identificadas reciben unos servicios especiales. Lo que les ocurre a los niños cuyas necesidades no son identificadas dependerá del distrito al que corresponda el colegio y de su estado.

Los profesores están entrenados para buscar discapacidades, pero es un área difícil. De un lado, no se puede desestimar el valor de la identificación temprana así como de la intervención. De otro, una identificación errónea, así como su intervención correspondiente, puede ser también un problema. Si los problemas del niño tienen que ver con el aprendizaje o con el comportamiento quizás, a través de una buena instrucción en un ambiente estimulante, estos problemas se puedan solucionar. Sería por lo tanto un desperdicio (con todos los perjuicios que puede traer consigo para el niño) separar a esos niños del resto. En términos ideales, los colegios deberían contratar personas que no sólo entendiesen el desarrollo de los niños y el gran abanico de habilidades y comportamientos que lo acompañan, sino que también entendiesen cuándo ciertos comportamientos apuntan a la necesidad de una intervención.

¿Cuáles son los pros y los contras de los programas que plantean la integración con respecto a aquellos que defienden la educación por separado?

Según las necesidades del niño, debería existir una serie de servicios a su disposición. En un entorno donde se promueve la integración del niño con necesidades especiales, el niño se beneficia de la posibilidad de poder socializar más, siempre y cuando el profesor reciba el apoyo de un especialista que le oriente sobre cómo adaptar las instrucciones de clase a un niño de estas características. En los programas de integración ni se separa a los niños de sus amigos, ni se les hace pasar por la estigmatización que puede surgir cuando se hace que los niños sigan programas independientes. El valor de este tipo de programa, en los que se saca a los niños de la clase, es que reciben una instrucción más intensa. Se les pone en grupos más pequeños, normalmente con un profesor. Para determinar las necesidades de un niño es importante tener en cuenta los objetivos que se quieren alcanzar. Y, a veces, una mezcla de los dos tipos de programas será más eficaz.

¿Dónde pueden obtener ayuda los padres?

Aquellos que son padres por primera vez o los que no vengan de una familia numerosa, en la que puede haber una amplia variedad de comportamientos, con frecuencia no saben qué esperar en términos de necesidades especiales. Si los padres tienen alguna preocupación, la primera persona a la que deben visitar es al pediatra. Éste es un médico especializado no sólo en el desarrollo físico y las intervenciones médicas sino también en las diferentes etapas sociales, cognitivas y emocionales por las que atraviesa el niño. Además, en Norteamérica, cada estado tiene un centro de apoyo para padres que está dirigido por padres para apoyar a las familias a través de la maraña de servicios disponibles, a la vez que defiende que los padres reciban el trato adecuado a las necesidades de sus hijos.

Los padres no deberían jamás echarse atrás a la hora de hacer preguntas o de buscar ayuda si sospechan que su hijo necesita una asistencia especial. La identificación temprana de las necesidades especiales del niño conducirá a la intervención que puede llevar a una mejora del desarrollo educativo, social y emocional del niño.

Enseñar a niños con necesidades especiales

Colleen Gallagher es profesor de educación especial en *Silver Ridge Elementary School* **en Silverdale, Washington.**

Mi filosofía de la educación es convertir a mis alumnos en personas con interés por aprender a lo largo de toda la vida. Quiero que mis alumnos entren en el aula con una sonrisa y con entusiasmo en su voz. Podemos alcanzar este objetivo si hacemos una aproximación al aprendizaje y a la enseñanza positiva.

De hecho, a través de una experiencia de aprendizaje positiva, es más posible que los niños logren desarrollar las habilidades necesarias. La comprensión y la retención no han de alcanzarse exclusivamente a base de libros de ejercicios, sino en un ambiente donde aprender sea divertido. Si se enseña de una manera estimulante, todo el proceso se hará más divertido. Relacionar el tema del que se está tratando con cuestiones de la vida real centrará al alumno y le hará desear aprender más.

Cada estudiante aprende a su propio ritmo. Como todos los niños se merecen las mismas oportunidades para aprender, la profesora es responsable de acomodar estos estilos de aprendizaje únicos presentando el material de estudio de maneras diferentes y permitiendo que los alumnos aprendan a través de actividades prácticas. Los niños aprenden más haciendo que simplemente memorizando.

Con tiempo y paciencia, el aprendizaje eficaz es posible para todos los niños. Los profesores deberían tener expectativas positivas con respecto a todos sus alumnos, nunca deberían subestimar de lo que son capaces. Si los profesores estimulan el descubrimiento y hacen que los materiales sean significativos, el aprendizaje nacerá como algo natural.

La implicación de los padres es importante para la formación de la actitud de los niños a través del aprendizaje. Los boletines, las páginas Web, las llamadas a casa, los programas escolares y las reuniones y entrevistas con los padres los mantienen al corriente del progreso de sus hijos y motiva una participación activa en ese progreso.

La educación es mucho más que enseñar; es querer, cuidar, comunicarse, crecer. Si de verdad se ponen en práctica todas estas cualidades en el ambiente educativo, el profesor será capaz de transmitir el amor por aprender.

Paul, padre de Christy, 7 años

La experiencia en el colegio de mi hija fue un desastre. Todo lo que pudo ir mal, fue mal. Se sintió estigmatizada y lo mismo nos ocurrió a nosotros. Tras un año la metimos en un colegio privado. Ahora está mucho más feliz.

Nervios del primer día

Cuando mi hija empezó a ir al colegio, me sentí mal porque logró adaptarse mejor que yo. Me dijo adiós con la mano y no volvió a mirar hacia donde yo estaba. Rápidamente me pareció estar padeciendo el síndrome del nido vacío.

Moji, madre de Jordan, 5 años, y Habib, 7.

Nadie me había avisado de que el que mi hijo empezase a ir al colegio me iba a resultar tan duro. La noche antes, Alex estaba algo nervioso. Después de que se fuera a la cama vomité.

—Creo que estás exagerando —me dijo Bernie.

—Para ti es fácil —le dije encogiéndome de hombros—. Tú te vas al trabajo y yo soy la que le lleva a la orientación.

—Le irá bien. Acuérdate de lo bien que se adaptó a la escuela infantil. No creo que experimentara ni por un minuto la ansiedad de la separación.

—¿Bromeas? —grité—. Habíamos visitado juntos la escuela tres veces antes de que le dejara allí. Durante un mes, pasé diez minutos diciéndole adiós con la mano desde el coche antes de marcharme. No fue tan fácil —le recordé.

—Ha estado yendo al programa de verano del colegio dos días a la semana durante las últimas seis semanas para acostumbrarse al sitio —me contestó Bernie.

—Eso es diferente —le dije molesta—. Había pocos niños. Durante el año académico hay 32 niños repartidos en cuatro clase diferentes, lo que significa que habrá 128 niños con sus respectivos padres el primer día –le dije antes de volver a vomitar por segunda vez.

Cuando terminé, Bernie me preguntó atentamente:

–Cariño, ¿quieres que no vaya a trabajar y os acompañe?

–No hace falta –le respondí algo triste; sabía que tenía un tema de su trabajo pendiente–. Nos las arreglaremos –añadí mientras me aplicaba una compresa fría en la frente porque tenía un dolor de cabeza horrible.

Aunque me levanté varias veces durante la noche bañada en sudor, tanto Bernie como Alex durmieron plácidamente. A la mañana siguiente, aunque estaba asustadísima, fui todo un modelo de calma para Alex. Mientras íbamos en el coche, me preguntó qué era lo que recordaba de mi primer día de clase. Fui positiva sin pasarme de entusiasta y creo que logré informarle sin ser aburrida. En realidad, lo cierto es que no recordaba en absoluto cómo había sido mi primer día de clase y mi madre tampoco me lo había contado. Así que fingí que lo recordaba y le gustó mi historia.

Una vez que Alex y yo llegamos al colegio, todo fue bien. La orientación fue una manera estupenda de hacer la transición. Me alivió encontrar otros padres que estaban tan nerviosos como yo. Al menos eso me parecía a mí porque todos teníamos un gesto tenso y no dejaban de oírse suspiros de angustia.

La directora era muy comprensiva con nuestros miedos. Daba la impresión de ser amable, inteligente y organizada. Los profesores parecían agradables y responsables. En resumen, era un comienzo perfecto. Alex se lo tomó estupendamente y se despidió confiado cuando los profesores se los llevaron para pasar media hora con ellos.

Más tarde, cuando llamé a Bernie al trabajo para decirle lo bien que había ido todo, era él el que estaba fatal. Me dijo que había estado muy nervioso durante toda la mañana y que hasta había tenido que tomar un antiácido. Claramente, yo le había transmitido todos mis miedos.

Cuando me preguntó por cómo había ido todo, no estaba muy segura de cómo responderle.

–Era emocionalmente agotador pero soportable –alcancé a decirle–. Alex fue muy valiente y creo que se lo ha pasado bien.

Hubo una pausa y entonces le dije:

–De acuerdo, es verdad que exageré un poco. Tenías razón.

Los dos nos empezamos a reír ya más aliviados. Nos dábamos cuenta de que habíamos sobrevivido a otro de los momentos claves en la vida de Alex.

Loretta, madre de Marianne, 6 años

El hecho de llevar muchos años trabajando como profesora de educación infantil me ha enseñado que no es buena idea centrarse mucho en el primer día. Acentúa la ansiedad de la separación. Así que imagínate mi sorpresa cuando mi marido, el día en que mi hija empezaba a ir al colegio, sacó la cámara de vídeo del coche, empezó a hacerle muecas para que se riera y lo grabó todo.

Facilitar la transición

Patty Kranker, de la Westwood Charter Elementary School de Los Ángeles, ha enseñado educación infantil durante siete años.

El primer día de colegio, al que nosotros llamamos «El día de la separación», los niños pasan una hora en la clase conmigo mientras los padres están en el auditorio con la directora. Cuando los niños y yo estamos solos por primera vez, les señalo el reloj y les explico que sus padres vendrán a buscarles cuando la manecilla grande esté en las doce y la pequeña en las once. Entonces cojo un rollo con etiquetas adhesivas de forma que cuando los niños escuchan su nombre, caminan hasta el frente de la clase y les pongo una pegatina con su nombre.

Cuando hemos terminado con esto, los niños se sientan en la alfombra delante de mí para oírme leer el cuento *Franklin Goes to School* de Paulette Bourgeois y Brenda Clark. Lo bueno de esta historia es que cuando Franklin, la tortuga protagonista del cuento, va al colegio por primera vez, pasa por el mismo tipo de sensaciones que cualquier niño a esa edad. Se despierta temprano pero está demasiado nerviosa y no puede desayunar. Tarda mucho en despedirse de sus padres y se pregunta si de verdad está preparada para ir al colegio porque no puede escribir como hace su amigo Rabbit o leer como su amigo Beaver. Pero su profesor, Mr. Owl, es muy agradable y Franklin consigue tener un buen día.

Cuando acabo la historia les digo: «El primer día de clase tenemos muchas emociones. Algunos estamos contentos. Otros tristes. Algunos nerviosos y otros no sabemos ni siquiera cómo nos sentimos».

Sigo con preguntas del tipo: «¿Cómo crees que se siente Franklin? ¿Cómo te sientes tú?».

Les enseño a los niños un gráfico con los posibles estados de ánimo. Hay cuatro columnas con «feliz», «triste», «nervioso» y «no lo sé». Encima de cada palabra hay caras que representan los distintos posibles estados de ánimo. Los niños comunican cómo se sienten poniendo un adhesivo con su nombre debajo de la cara que mejor lo representa. Cuando hemos terminado, les explico que los sentimientos cambian. «El gráfico seguirá aquí mañana y algunos de nosotros podemos sentirnos diferentes», les digo. «Si es así, podemos cambiar nuestro adhesivo adonde mejor corresponda».

Cuando los padres vienen a buscar a sus hijos les hablo durante un momento, les doy unas hojas donde les explico quiénes somos, tanto mi ayudante como yo misma, qué es lo que pretendemos y cómo lo intentamos llevar a cabo en clase. Les recomendamos a los padres que les pongan a los niños el tentempié de la mañana en una bolsa separada de la de la comida y que los niños traigan todo el material necesario en una mochila. Si al niño le está costando adaptarse, les sugiero que metan uno de los muñecos preferidos de su hijo o una foto familiar.

Antes de que se vayan a casa, les cuento un poco cómo será el siguiente día de clase, ya que éste es el primer día real de colegio. Les explico que los niños se pondrán en fila delante de la puerta de la clase y les sugiero que cada padre y cada niño establezcan algún tipo de ritual para despedirse (ya sean dos besos y un abrazo o un gran beso), así después de despedirse, el niño comprende que su padre o su madre va a marcharse. Lo más importante es que los padres comprendan que existe una razón para este ritual. Si se hace de otra forma, los niños no saben qué esperar, especialmente si los padres, después de haberse despedido, se asoman por una ventana o se quedan fuera. Y con esto termina el primer día.

Terese, madre de Joshua, 7 años, y Stuart, 8

La experiencia de nuestro hijo mayor en su primer día de colegio fue muy traumática para nosotros. Mi mujer y yo habíamos decidido que aquella mañana iríamos los dos a dejarle en el colegio, oiríamos las palabras del director, le veríamos marchar con su profesora y le iríamos a buscar para llevarle a casa. Después quiso quedarse a jugar con un amigo. Tuvimos que echar a suertes quién se iría a dormir. Eran sólo las once de la mañana y estábamos agotados.

El segundo día representa un reto mayor. Empezamos las clases a las ocho y veinte y las acabamos a la una y media. Este es el día en que los niños comienzan a aprender cuál es su rutina escolar. Al llegar los niños, les muestro el lugar en el que tienen que dejar sus carteras y sus tickets para la comida (si es que comen en la cafetería). Hablamos sobre las precauciones de seguridad que hay que tomar. Les enseño toda la escuela y les presento al director y al personal de la administración. Y después, poco a poco, nos vamos metiendo en la rutina. Es el primer día real de separación y el principio de lo que yo llamo el periodo de crear lazos entre los niños y yo. Cuanto antes aprendan que conmigo están a salvo y que el colegio es un lugar seguro, antes se adaptarán.

Al final de este día, los niños que participan en alguna actividad extraescolar se van con sus monitores. Al resto van a buscarlos sus padres. Lo ideal es que los padres sean puntuales, ya que es parte del ritual; para los niños es muy importante saber que cuando acabe el colegio, sus padres estarán fuera esperándoles.

Nervios del primer día

A algunos niños, la transición al colegio les lleva de tres días a una semana. A otros les cuesta más. Pero todos los padres deben estar seguros de que, a menos que haya un problema especial, su hijo se adaptará al colegio y ellos también.

Greta, madre de Hannah, 15 años

Soy abogada y madre soltera y el primer día de colegio de mi hija estaba en medio de un juicio. Dejé a mi hija en el colegio y le dije a su profesora que su niñera iría a por ella. Han pasado tres años y todavía recuerdo su llanto, «¡Mami!», gritaba.

Niños superdotados

En segundo, mis dos hijos, según un test que les hicieron,
eran superdotados. Cuando estaban haciendo la educación
infantil, nos parecían perfectamente normales.

Catherine, madre de Grez y Sissy, ambas de 8

–Alex, ¿te importaría que escribiese un artículo sobre ti poniéndote como ejemplo de un niño superdotado? –le pregunté a mi hijo.

–Sí –me contestó.

Àsí que decidí escribir la historia que mi amigo Marty me contó sobre su hija Emma:

–Un mes antes de que Emma empezase a ir al colegio, me impresionó que uno de mis colegas en el bufete me preguntase si Emma era superdotada.

–¿Superdotada? –le pregunté–. ¿Cómo puedo saberlo? Ni siquiera sabe escribir su nombre todavía.

–¡Oh! –exclamaron todos.

–¿Oh qué?

–Eric aprendió a leer él solo a los tres años –dijo Colin.

–Cuando Katrina empezó a ir al colegio, podía contar hasta cincuenta –presumió su padre, Richard.

Incluso antes de que se diera cuenta de lo ridícula que era la conversación, mi amigo Ted dijo:

–Oliver se sabía el abecedario en la escuela infantil.

Niños superdotados

–¿Estáis comparando el nivel de inteligencia de niños de preescolar? –les pregunté sorprendido–. Estáis perdiendo el tiempo, además esto no es una competición –absolutamente molesto me fui de allí.

Esa noche en casa, mientras Emma dormía, le pregunté a mi esposa, Lilly, si creía que Emma era superdotada.

–¿Superdotada? –se burló con desprecio–. Sinceramente, Marty, ¿no crees que será mejor esperar un par de años a que determinen si es o no superdotada en el colegio?

–No es culpa mía –respondí subiendo las cejas–. Fue culpa de Colin, Richard y Ted.

–¿Qué se puede esperar de Colin y Richard? Son unos imbéciles. Lo comparan todo, desde sus coches hasta sus esposas trofeo, ¿pero Ted? –me preguntó decepcionada–. Rebecca –la mujer de Ted y Lilly son buenas amigas– se pondría furiosa si se enterase de que tomó parte en una conversación tan absurda.

–Sólo tenía curiosidad por saber lo que pensabas –le dije quitándole importancia.

–Por si no lo sabes –me explicó Lilly– en nuestro colegio les hacen pruebas en segundo a los niños que han sido recomendados por sus profesores. No estoy segura de cuál es el criterio, pero he oído que los clasifican en altamente superdotados, superdotados y normales. No significaría nada para Emma porque nuestro colegio no tiene ningún programa especial para superdotados; los ponen en la misma clase que a los demás niños. Sólo importa en secundaria porque entonces sí podemos solicitar una beca para llevarla a un centro especializado.

–¿Cómo es que sabes tanto sobre el tema? –le pregunté.

–Porque el año pasado Cassie me dijo que le habían hecho pruebas a Brian y me lo explicó todo. Lo más gracioso es que Cassie olvidó que había firmado el permiso para el test. Entonces, un día por casualidad una psicóloga la llamó para decirle que Brian era un niño altamente superdotado. Como Cassie no esperaba la llamada, se sorprendió tanto que lo único que alcanzó a decir fue gracias y colgó. Más tarde pensó que esa mujer debió pensar que era una tonta porque no tuvo ninguna pregunta que hacerle.

–¿Qué se puede esperar? Cassie es actriz –Lilly me tiró una almohada.

Aquella noche soñé con Emma. Si era superdotada, me preguntaba si debería asistir a un colegio especial. Me preocupaba que se aburriese en un colegio público. Me imaginaba a mi pequeña ya en la universidad llevando unas gafas de pasta negras con el puente roto, pegado con cinta adhesiva. Cuando me desperté, estaba completamente agotada.

Cuando sonó la alarma, le conté a Lilly el sueño que había tenido y le pregunté qué haríamos realmente si Emma fuera superdotada.

–La querríamos de la misma manera que si no lo fuera.

–Por eso estoy loco por Lily –me dijo Marty–, porque siempre me recuerda lo que es importante.

Cómo adaptarse a las necesidades de los niños superdotados

Pamela Pearson, una antigua profesora de educación infantil, es la coordinadora del programa para superdotados del *District 206* en Alexandria, Minnesota.

A la hora de educar a niños superdotados, un elemento a tener muy en cuenta es la flexibilidad. Estos niños, aunque son por lo general verbalmente precoces y más avanzados en pensamiento analítico que sus compañeros, suelen presentar un desarrollo desigual. Por ejemplo, pueden ser capaces de leer como lo haría un niño de sexto, sin embargo, su nivel en psicomotricidad puede ser inferior y quizás tengan problemas sujetando un lápiz o escribiendo su nombre.

Cuando se estructura un programa para adecuarse a las necesidades de cada estudiante a este nivel, los profesores deben acompañar las necesidades individuales y los intereses con un currículo y una metodología flexibles. En consecuencia, debe ser posible adaptar el proyecto curricular a cada uno de los niños, de manera que se pueda ir más allá de los contenidos curriculares de la educación infantil. El proyecto también ha de ser lo suficientemente abierto como para responder a sus necesidades sociales y de comportamiento.

Lyn, madre de Christopher, 6 años

Cuando estuve de voluntaria en la clase de mi hijo, me impresionó ver que había niños que ya sabían leer. El vocabulario de uno de los niños era incluso mejor que el mío.

En cuanto a la eficacia de los programas específicos, diversos estudios muestran que los niños superdotados deben pasar parte del día con niños de características similares, de manera que esto les sirva para estar más motivados académicamente. Muchos niños superdotados esperan ansiosamente el comienzo del colegio pero les decepciona descubrir que ya saben todo lo que explica la profesora en clase. Esto provoca que algunos niños reaccionen con pasividad, esperando pacientemente algo nuevo, mientras que otros desconectan de la educación (aunque no del aprendizaje) y se convierten en malos estudiantes. Por último, otros pueden llegar a desarrollar problemas de comportamiento. Excepto en áreas metropolitanas grandes en las que hay una mayor oferta, es raro encontrar un programa específico para estos casos. En algunas áreas rurales donde esto no es posible, intentamos darles la oportunidad de aprender cosas nuevas y atrayentes cada día mediante el trabajo en grupo o a través de retos individuales. Esto puede implicar un proyecto curricular más avanzado con compañeros de los ciclos de primaria o profundizar en alguna de las unidades didácticas del currículo de educación infantil. Los alumnos con más habilidades matemáticas pueden encontrar un reto en juegos de habilidad mental con los números o en las computadoras.

En casos extremos, los alumnos son capaces de hacer dos cursos a la vez. El sistema con estos niños puede variar dependiendo de su habilidad y de su personalidad, pero estos niños siempre requieren una educación acorde con sus necesidades.

Los programas para niños superdotados

Joseph S. Renzulli, *Ed.D.*, es el director de *The Nacional Research Center on the Gifted and Talented* en la Universidad de Connecticut.

¿Cómo saber si tu hijo es superdotado?

Esa es probablemente una de las preguntas más difíciles de responder porque estoy en contra de ponerle una etiqueta a un niño a tan temprana edad. Prefiero usar una definición en términos de comportamiento que describa las habilidades del niño sin tener que llamarle necesariamente superdotado. Animamos e intentamos motivar las particulares habilidades del niño en lugar de encuadrarlo en una categoría homogénea.

Buscamos localizar aquellos comportamientos que no son propios de otros niños de esa edad, como que el niño aprenda a leer con muy poca o ninguna ayuda o niños que entienden las relaciones numéricas de una forma que supera a la comprensión que de ellas tienen sus compañeros. Hay niños que, por ejemplo, serían capaces de mencionar hasta tres o cuatro maneras de tener un dólar, mientras que la mayoría de los niños sólo saben que dos monedas de cincuenta centavos hacen un dólar. Tener una memoria extraordinaria para los detalles es otra característica que hay que tener en cuenta. Si le preguntas a uno de estos niños sobre una película, son capaces de contártela fotograma a fotograma. Pueden describir con todo detalle un lugar en el que han estado o recordar cada detalle de una historia. He visto a niños de cuatro y cinco años ser capaces de todo esto, aunque normalmente estas habilidades no se manifiestan hasta dos o tres años más tarde.

Val, padre de Brian, 9 años

No sabíamos que nuestro hijo era superdotado, sin embargo, veíamos que se aburría.

Otro síntoma de estar ante un niño superdotado es el de aquél que es sensible de una manera especial a lo que le rodea. Este niño puede encontrar cómicas situaciones que no lo son para otros niños. Estos niños hacen preguntas del tipo causa-efecto. «¿Qué pasaría si? ¿Cómo puede ser que? ¿Por qué tal y cual cosa producen tal o cual resultado?». Parecen estar más interesados en conceptos abstractos como la justicia; de hecho, he conocido a niños que tenían una gran sensibilidad a todo lo referido a justicia, correcto o incorrecto, bueno o malo. Algunos de estos niños son capaces de expresarse de una manera artística. Pueden dibujar algo y contar una historia maravillosa sobre lo dibujado. Otros niños son especialmente habilidosos hablando, escribiendo o con las matemáticas. Algunos son particularmente inteligentes a la hora de construir cosas con mecanos o con legos. Hay una gran variedad de talentos en los que los padres se pueden fijar para potenciarlos y también los profesores.

Shelee, madre de Daren, 8 años, y Maggie, 12

Los colegios ofrecen una gran cantidad de servicios para los niños con necesidades especiales. No me parece justo que se ignoren las necesidades de los niños superdotados.

¿Qué pueden esperar los padres de niños superdotados de los colegios públicos?

Algunos colegios hacen un buen trabajo y otros no. Hacer ciertos cambios para poder integrar a un niño más avanzado en determinadas áreas es importante. Si un niño ya lee, no puede estar interesado en aprender un letra a la semana. Los colegios deberían tener un especialista a mano para poder mantener a estos niños lo suficientemente motivados. Los especialistas en este tema suelen ser personas con algún tipo de experiencia o formación sobre la modificación del proyecto curricular de cara a adecuarlo a las necesidades de los niños superdotados.

Cada colegio necesita atender las necesidades de cada niño. Usamos un sistema mediante el cual registramos los puntos fuertes del niño, no sólo en las áreas tradicionales sino también en lo referido a los estilos de aprendizaje y de expresión. Si sé de un niño de cinco años que está tremendamente interesado en dinosaurios o botes o aeroplanos, puedo usar distintos recursos que le ayudarán a enriquecerse. Por ejemplo, si le gustan los aeroplanos, puedo usar libros sobre ellos. Lo más importante es ayudar a estos niños a trabajar con materiales capaces de motivarles más. Si lo haces, tendrás ya una batalla ganada: la de la motivación.

¿Crees que se deberían ofrecer programaciones independientes y actividades de enriquecimiento para este tipo de niño?

Por supuesto que sí. La educación infantil es una etapa en la que resulta vital proporcionar algún tipo de reto. Si un colegio es tremendamente aburrido, los niños dejan de querer aprender.

¿Qué pueden hacer los padres para conseguir ayuda adicional para sus hijos?

El primer objetivo es descubrir si hay algún especialista en el colegio y saber si la administración del mismo y los profesores están dispuestos a hacer un esfuerzo para adaptarse a las necesidades del niño. Además, los padres pueden también buscar alternativas en actividades que se organicen en la zona. No quiero decir que haya que llevar a tu hijo a ver museos o acuarios, sino más bien que es posible encontrar actividades que sean interesantes para el niño. No tiene sentido obligar a tu hijo a ir al teatro si lo que le gustan son los temas científicos. Lo ideal es que busques un tema que le resulte interesante a tu hijo para que le sirva de motivación.

Otra posibilidad es procurar que tu hijo conozca a niños de su edad con inquietudes similares. No quiero decir que tengas que formar un grupo de niños superdotados; etiquetarlos les puede hacer más daño que bien. Pero si tú o tu hijo conocéis a otros a los que les gusta *La guerra de las galaxias,* haz que se vean e inventen juegos, dibujen, creen historias o incluso graben un vídeo con tu ayuda. Tómatelo como un trabajo de grupo.

¿Qué puedes hacer si tu hijo se aburre en el colegio?

Los profesores deberían intentar averiguar por qué el niño se aburre. Se puede evitar que un niño se aburra simplemente sustituyendo el libro que tiene en las manos por otro. Así de sencillo. Los niveles altos de productividad y creatividad se desarrollan cuando los niños se interesan de verdad en lo que están haciendo. Los profesores deberían hacer los cambios necesarios para que un niño no se aburra. Si el profesor no toma la iniciativa, los padres pueden plantearlo de una forma dialogante y asertiva del tipo: «¿Por qué no intentamos solucionar este tema juntos?».

Obviamente no sería una buena idea empezar diciendo algo como «mi hijo es superdotado y usted no está haciendo nada para motivarle», que es precisamente lo que haría la clase de padre que está obsesionado con tener un niño de estas características y lo único que consigue es espantar a la gente. Para mi gusto, todos los niños son para sus padres lo mejor y desde luego no ayuda creer que el nuestro cuenta con una especie de cromosoma maravilloso que le hace especial y diferente del resto de los niños. En realidad, un niño no tiene nada hasta que lo pone en práctica de algún modo.

Terri, madre de Todd, 9 años, y Miranda, 11

Nuestro colegio tiene un programa para niños superdotados excelente, sólo que no empieza a los cuatro años. Nosotros procuramos suplirlo llevando a nuestros hijos a museos, conciertos y excursiones.

Preparación para el colegio

¿Se está preparado alguna vez para empezar a ir al colegio? Mi madre dice que el primer día que me vio entrar en el colegio, yo le parecía todavía un bebé.

Bart, padre de Meredith, 7 años.

Cuando Alex iba a la escuela infantil, había un niño que empezó a ir al colegio más tarde porque tenía dificultad para controlar sus impulsos: con frecuencia pegaba a los otros niños. Más tarde me enteré de que aunque este comportamiento supera lo que se considera como normal, también se puede interpretar como un síntoma de no estar preparado para comenzar el colegio. Algunos de los indicadores más comunes son la inhabilidad para concentrarse en una tarea, escuchar un cuento o seguir instrucciones. Puede ocurrir también que al niño le resulte difícil integrarse en el trabajo en grupo o que encuentre dificultades a la hora de pasar de una actividad a otra.

De todas formas, la razón más frecuente para retrasar el que un niño empiece a ir al colegio es la edad. Si el cumpleaños del niño hace que éste no tenga la edad recomendada para ir al colegio cuando comienza el curso (esta edad es diferente en cada país), los padres sienten que la diferencia de edad hará que el niño vaya por detrás del resto de sus compañeros. Otros piensan que un año más en la escuela infantil permitirá que el niño tenga más seguridad al llegar al colegio, aunque diversos estudios demuestran que esto no es del todo cierto.

Para Gail y Kevin, padres de Aaron, cuyo cumpleaños es a finales de año, el tema estaba claro pero no cuál sería la decisión:

–No era sólo que Aaron pudiera llegar a ser el más joven de su clase –me dijo Gail–, sino que físicamente era muy pequeño, diminuto, estaba por debajo de la media de altura de los niños de su edad.

–Pero es listísimo –añadió Kevin–. Lo que habían empezado a hacer en la escuela le estaba empezando a aburrir mortalmente. Odiaba jugar en la arena y hacer las mismas cosas una y otra vez. Es muy despierto. Se sabe las letras y los números. Sus hermanas mayores le han enseñado a deletrear. Estaba claramente preparado para un programa más académico.

–Pero teníamos nuestras dudas –dijo Gail–. Yo tenía miedo de que se sintiese perdido entre la multitud. Sólo te das cuenta de lo listo que es si hablas un rato con él, si no parece un tanto retraído.

–Y debido a su tamaño, también me preocupaba que se aprovecharan de él –dijo Kevin–. Yo me salté un curso cuando estaba en primaria y creo que fue un gran error. Era lo suficientemente inteligente para estar con niños mayores que yo, pero menos maduro social y físicamente. Lo lamenté hasta que llegué a la universidad.

–De manera que no sabíamos que hacer –me dijo Gail–. El director de la escuela dijo que Alex estaba listo para el colegio, pero nosotros no estábamos convencidos.

–También sabíamos que independientemente de la decisión que tomásemos, le cambiaríamos de escuela. No era sólo que estuviera por encima del nivel que ofrecían allí, sino que también pensábamos que le marcaría que no le dejasen avanzar –dijo Kevin.

–Visité un buen número de colegios –aclaró Gail–, y cuantos más veía, menos convencida estaba de que Aaron encajase allí. Estaba a punto de volverme loca cuando un amigo me recomendó un programa de transición al colegio. Su hija era muy despierta y extrovertida además de inteligente, pero algo inmadura.

–Al principio estaba en contra de plantearme esta opción –dijo Kevin–. Me preocupaba que un programa como éste estuviera dirigido a niños problemáticos o a niños más lentos de lo normal, pero nos sorprendió totalmente.

–El programa era excepcional –afirmó Gail–. La mayoría de los niños eran muy brillantes. Algunos tenían problemas de madurez; a otros, incluido Aaron, no se le daban muy bien las actividades de tipo físico. Otros tenían problemas de dislexia, pero eran muy inteligentes. El director era muy dinámico y los profesores eran de lo mejor. El objetivo del programa era proporcionar un ambiente que estimulara el aprendizaje y que fuera apropiado para el desarrollo del niño, no reproducir punto por punto el currículo del colegio.

–Ha sido la mejor decisión que podíamos haber tomado –dijo Kevin–. Aaron ha cambiado mucho. Se ha hecho más seguro y se ha vuelto más extrovertido. Además, ha crecido y ahora está por encima de la media de altura.

–Dos de sus compañeros estarán en su colegio el próximo año –Gail dijo entusiasmada–. Toda esta peripecia ha acabado afortunadamente bien y él parece mucho más feliz.

Kevin y Gail se miraron el uno al otro aliviados.

A punto o no

Robert S. Byrd, *M.D.*, *M.P.H.*, es profesor asociado del departamento de Pediatría de la Facultad de Medicina de UC Davis.

¿Qué opina de las pruebas para determinar si el niño está preparado para ir al colegio?

Si los padres han educado de la manera oportuna al niño, sabrán perfectamente cuando su hijo está preparado para ir al colegio. En general, un niño no suele estar preparado para ir al colegio cuando ha crecido en un ambiente que no favorece su paso a esta nueva etapa. Por otro lado, cuando el profesor le dice a los padres: «Este niño no está preparado para ir al colegio. Vuelvan dentro de un año», no está realmente respondiendo a las necesidades del niño.

Rochelle, madre de Warren, 7 años

Los primeros días Warren lloró. Su profesora decía que le veía algo retraído. Estaba a punto de ir a ver al director cuando me enteré de que Warren le había pegado a otro niño. Entonces supe que se sentía en casa.

Un niño cuyo grado de desarrollo emocional, de comportamiento y cognitivo se juzga insuficiente para ir al colegio puede, sin embargo encontrar en el colegio justo lo que necesitaba. Llevar al niño al colegio o trabajar con él sobre aquellos aspectos que le ayudarán a desenvolverse en él pueden ser la mejor opción. Hacerle una prueba para determinar si está o no preparado, que seguramente no pasará, lo único que puede hacer es influirle negativamente en su nivel de autoestima.

En lugar de decirle «ven al colegio, es un lugar estupendo», lo que le estás diciendo es «no eres lo bastante bueno para el colegio. Cuando tengas un año más, a lo mejor eres capaz de estar a la altura de niños que son más pequeños que tú».

¿Cuál es el motivo para retrasar un año que el niño vaya al colegio?

Las razones varían. Algunos padres piensan que su hijo tendrá ventaja si va al colegio siendo más maduro, más alto, mayor. Mirando las fechas de nacimiento de los niños en su primer año de colegio, uno se da cuenta de que la diferencia de edad entre ellos es como mucho de un año. Aunque siempre hay casos en los que es superior.

El deseo de todos los padres es que su hijo encuentre el suficiente aliciente para sentirse motivado y superarse. Pero pedirle esto al profesor de niños de seis y cinco años es tarea difícil. Lo que sirve de aliciente a un niño de cinco años no le sirve a uno de seis. Lo que es apropiado para un niño de seis años puede ser agobiante para uno de cinco.

En el proyecto de investigación en el que estoy actualmente trabajando, estudiamos el porcentaje de adolescentes que habiendo comenzado a ir al colegio a una edad tardía, abandonan los estudios pronto. Los niños que son mayores que sus compañeros en el colegio se arriesgan a tener problemas de comportamiento durante la adolescencia. Ser mayor parece influir en el desarrollo de una dinámica poco saludable, aunque las razones para esto no acaban de explicarse del todo. De cualquier forma, esta información preliminar nos permite cuestionar el valor de retrasar la entrada del niño en el colegio, lo cual se ha convertido en una práctica habitual a pesar de que no existen datos que demuestren su eficacia.

¿Cuándo deberían los padres retrasar la llegada de su hijo al colegio?

Retrasar la llegada de tu hijo al colegio es apropiado si la directora de la escuela infantil piensa que no está preparado. En ese caso, la mejor manera de manejar la situación es buscar a alguien que nos asesore sobre qué hacer de cara a preparar a nuestro hijo para el colegio, en lugar de afrontar el problema de una forma pasiva, esperando que se resuelva solo. En algunos casos, el paso del tiempo puede ser la mejor solución, pero esa decisión debe hacerse sólo después de haber considerado tanto las necesidades del niño como sus puntos fuertes, a la vez que las posibles alternativas.

¿Qué podemos hacer los padres para ayudar a nuestros hijos en la transición al colegio?

En primer lugar, lee a tu hijo todos los días. Lee de manera que sea algo entretenido y agradable para los dos. En segundo lugar, juega con tu hijo porque él aprende a través del juego. Lo importante es encontrar formas de jugar que le permitan aprender sin sentir que es una prueba. Si habéis estado jugando con imanes en forma de letra o habéis recorrido el barrio jugando a reconocer letras en carteles y para acabar le dices: «Muy bien, ahora voy a ver si te sabes el abecedario», vas en contra de tu propósito.

En tercer lugar, limita el tiempo de televisión. La televisión es una actividad pasiva que tiene un grado alto de estimulación. Hay una acción constante que los niños encuentran muy atractiva, pero hace que su nivel de concentración disminuya. Corres el riesgo de que tu hijo albergue expectativas poco realistas con respecto al colegio. Durante el día, el profesor de tu hijo no será sustituido por una serie de otros profesores. No habrá cambios de escena y el profesor no tendrá música de fondo para captar la atención del niño. El número diario de horas que un niño pasa delante del televisor significa que no desarrolla otras actividades, como pueden ser recortar y pegar, leer, escribir, jugar con otros niños, aprender a pelearse y a hacer las paces, construir con bloques, explorar el mundo y practicar con el lenguaje.

En cuarto lugar, es recomendable que tu hijo vaya a la escuela infantil. Te puede ayudar a la hora de evaluar cómo le irá en una clase y también a identificar y ocuparte de las necesidades especiales que el niño pueda tener. Finalmente, recuerda que el colegio puede ser una experiencia maravillosa para tu hijo, particularmente si participas de manera activa siendo alguien en quien él puede encontrar apoyo, ánimo y aceptación.

Andrea, madre de Kamal, 6 años

Kamal estaba tan preparado para ir al colegio que me hacía sentir mal.

La importancia de la escuela infantil

Edward F. Zigler, *Ph.D.*, ocupa la Cátedra Sterling de Psicología en la Universidad de Yale, es también el director del *Bush Center on Child Development and Social Policy* y el fundador de *Head Start*.

¿Por qué deben los niños ir a la escuela infantil?

La razón principal es aprender la clase de habilidades sociales y cognitivas necesarias más adelante. El propósito de los centros de educación infantil es, sobre todo, preparar al niño para el colegio, pero también es cierto que lo que allí aprenden será fundamental más allá de la etapa escolar, cuando el que fue niño esté fuera del colegio. El tipo de persona que eres y los valores que tienes están determinados por las influencias de los primeros años. Estos años son importantes para el desarrollo de lo que llamamos control emocional, de forma que el niño no será dado a las rabietas o los comportamientos caprichosos. Esto es propio de un niño de dos años pero no de uno de cuatro. Lo que los niños aprenden en la escuela infantil, cosas como controlar sus impulsos, es muy importante más tarde en su vida, no sólo en el colegio. Estos primeros años son fundamentales para el desarrollo del carácter y de la personalidad.

Garry, padre de Heidi, 5 años, y Jaclyn, 12

Ninguna de nuestras hijas tuvo ningún problema a la hora de ir al colegio. Habían pasado dos años en la escuela infantil.

¿En qué se diferencia la escuela infantil del colegio?

El tipo de aprendizaje de la escuela infantil continúa en el primer año de colegio. A los niños se les enseña sobre temas de identidad y autonomía personal, sobre el medio físico y social, y sobre comunicación y representación. De manera que no se produce un gran cambio en la vida del niño porque pase de la escuela infantil al colegio. La diferencia entre el niño al comenzar a ir a la escuela infantil y el niño que va al colegio por primera vez es el uso de un sistema cognitivo diferente. El niño ha conseguido lo que llamamos madurez evolutiva. Los niños son más maduros en el colegio. Se adaptan mejor a la frustración y tienen una capacidad de atención superior, de manera que pueden desarrollar un trabajo mejor con los profesores.

¿Cuánto tiempo necesita estar un niño en la escuela infantil?

En términos del aprendizaje de habilidades sociales, con dos años tiene suficiente. De hecho, en Francia y en Italia los niños empiezan a ir al colegio a los tres años.

En nuestro país discutimos sobre si los niños han de ir uno o dos años a la escuela infantil antes de ir al colegio. En términos de desarrollo cognitivo, los datos demuestran que dos años son mejor que uno, especialmente para los niños que crecen en entornos de pobreza.

¿Qué criterio deberían seguir los padres para elegir una escuela infantil?

Uno de los criterios más importantes es el número de alumnos que hay por cada profesor. Asegúrate de que no hay más de diez niños por profesor; siete sería lo mejor. El segundo elemento que hay que tener en cuenta es la formación del educador. Lo preferible es alguien con formación universitaria en educación infantil, si no al menos con algún tipo de titulación que le capacite para trabajar con niños. La experiencia del profesor también es importante. Pregúntate por los años de experiencia que tiene.

Otras cuestiones que debes plantearte son: ¿Cuál es la filosofía de la escuela?, ¿poseen un diseño curricular acorde con tu filosofía educacional? Hay escuelas con proyectos curriculares que van de lo que podríamos llamar actividades estructuradas o académicas (los niños tienen que completar cuadernos de ejercicios) a las actividades no tan estructuradas (los niños aprenden a través del juego). Los padres tienen que decidir qué tipo de escuela creen que es la mejor para el niño, aunque tienen que ir con cuidado. En general, los padres tienden a querer contenidos muy estructurados; por este motivo, mi colega David Elkind escribió sus libros *The Hurried Child: Growing Up Too Fast Too Soon* y *Miseducation; Preschoolers at Risk*.

Se le da tanta importancia al desarrollo cognitivo y a estar preparado para el colegio que los padres se olvidan de que éste es el momento en el que el niño desarrolla su carácter y sus habilidades sociales, que son tan importantes en la vida como el CI (coeficiente intelectual). Les recomiendo a los padres que se aseguren de no enviar a sus hijos a una escuela donde enseñen a niños de tres años lo que se les enseñaría a niños de primero de primaria.

Los niños se desarrollan a su propio ritmo y se les puede agobiar de la misma manera que se agobia a los adultos. Se pueden estresar. Coincido con David Elkin en que quizás estemos forzando a los niños a ir demasiado lejos demasiado pronto. Esto les puede repercutir negativamente de cara al colegio. Demasiadas estructuras no les permiten disfrutar de su infancia. La infancia no está hecha para estar ocupado trabajando cada minuto del día. ¿Cuándo tiene tiempo el niño para tumbarse en la hierba y contemplar cómo pasan las nubes? En eso consiste también crecer y aprender.

Leslie, madre de Andy, 5 años

Durante las primeras semanas estuve preocupada por nuestro hijo Andy porque lloraba cada mañana al dejarle en el colegio y cada tarde cuando le iba a buscar. Su profesor me aseguraba que dejaba de llorar en cuanto entraba en la clase y que volvía a llorar cuando se ponía en fila con los demás niños esperando que yo llegara. Te puedes imaginar el alivio que sentí cuando dejó de hacer esto.

Profesores

*La profesora de mis dos hijos era estupenda. Le encantaban
los niños y los niños lo notaban.*

Butch, padre de Kris, 7 años, y Nichole, 9.

Una mañana, pocas semanas después de que hubieran empezado las clases, me acerqué a un grupo de madres que hablaba a la puerta del colegio. Después de presentarme y de explicarles el propósito de mi libro, les pregunté por las cualidades que buscaban en los profesores de sus hijos.

No tardaron mucho en responder:

–Cercanía, paciencia y experiencia –dijo una de ellas.

–Juventud, entrega y entusiasmo –respondió otra.

–Un conocimiento sólido del comportamiento apropiado para
cada edad, expectativas realistas acordes con la capacidad intelectual de un niño de cinco años y la habilidad de conseguir un
ambiente estructurado en clase –dijo una madre llamada Constance.

Holly, una mujer con carita de ángel, madre de siete niños, con dos
de ellos todavía en el cochecito comenzó a reírse:

–Chicas, no creéis que pedís demasiado –dijo mirando a las demás–.
En realidad no importa mucho lo que queráis porque hay lo que
hay y punto –dijo mirando su reloj–. Tengo que ir a buscar a
Seamus y llego diez minutos tarde. Hasta luego.

La respuesta de Holly hizo que el grupo se quedara algo serio y
callado.

Hubo una pausa antes de que Mylan, una mujer diminuta que no había hablado todavía comenzara a hacerlo:

—No te preocupes —dijo con voz queda—. Holly tiene un corazón de oro, pero con cinco hijos en edad escolar, se ha visto obligada a adoptar una actitud práctica hacia la vida.

—No me extraña —dijo una madre llamada Fari. Todo el mundo se echó a reír.

—Mi propia experiencia —siguió Mylan— me ha demostrado que todos los profesores de este centro le aportan algo especial a los niños. Aunque puedan diferir en sus personalidades, formación, manera de enseñar, nivel de experiencia, intereses y aficiones, enseñar bien no tiene que ver con esto.

—Mylan, ¿qué es lo que quieres decir? —preguntó una mujer llamada Cynthia.

—Piensa en los profesores que te gustaban más cuando estabas en el colegio. ¿Qué era lo que más admirabas de ellos?

Se hizo un gran silencio antes de que nadie se atreviera a hablar.

—Su imaginación.

—Su amor por aprender.

—Su compasión.

—Su «coeficiente de estupidez» —respondió Julia.

Todas nos reímos con su ocurrencia. Julia continuó hablando.

—A lo que me refiero con esto es a la capacidad de los profesores para dejar que los niños actúen como niños. Muchos niños son divertidos. Dicen cosas curiosas, se ríen cuando les parece, cantan como si tal cosa. Siempre me gustaron los profesores que disfrutaban de que fuéramos niños en lugar de querer transformarnos en pequeños adultos.

Hubo un rumor de voces antes de que Mylan continuara:

—¿Lo ves? Todos buscamos cualidades diferentes, no importa que sean las que tú has mencionado u otras como la ética, el carácter, la alegría de vivir, la flexibilidad o incluso la capacidad de ejercer la autoridad.

—¡Desde luego! —dijo Julia—. Y si tus hijos no están contentos los cambias de clase.

Johnna, madre de Madeleine, 9 años y Zoe, 15

A lo largo de todos estos años me he acordado muchas veces de la primera profesora que tuve en el colegio. Era muy afectuosa y amable y conseguía que todos nos sintiéramos muy queridos. Mis hijos han tenido mucha suerte aunque nos hayamos mudado dos veces y hayan tenido que ir a dos colegios diferentes.

Un arte, no una ciencia

Larry Cuban, *Ph.D.*, es profesor de Ciencias de la Educación en la Universidad de Stanford.

¿Cuáles son las cualidades de un buen profesor?

Depende de con quién hables y de lo que quieran de un programa de educación infantil para esta edad.

Los padres y los educadores suelen coincidir en que los mejores profesores suelen ser aquellos a los que les gustan los niños. Responden a ellos de una manera afectuosa y amable, y valoran y apoyan la creatividad. La dedicación, el ser concienzudo y las habilidades de comunicación son también importantes. La mayor parte de los expertos en educación infantil suelen añadir también a esto ser un buen profesional.

Quieren a alguien que:

- Comprenda la amplia gama de elementos de carácter intelectual, emocional y de desarrollo social que afectan a los niños de esta edad.

- Reconozca que cada niño es diferente y esté deseando descubrirle cuáles son sus habilidades.

- Planifique y organice tareas y actividades que motiven a los alumnos a explorar nuevas posibilidades y a poner en práctica lo que ya saben.

● Facilite las relaciones entre los niños a medida que aprenden a trabajar tanto en los grupos pequeños como en los grandes.

Evidentemente, los padres y los profesores no tienen que coincidir siempre en su definición de qué es ser un buen profesional. Quizás lo que marca la diferencia sea que los padres se preocupan exclusivamente de su hijo, mientras que el profesor tiene a su cargo un grupo de quince o veinticinco estudiantes. Los padres y los hijos pueden diferir tanto entre ellos mismos como con los profesores sobre cuál es el propósito de los primeros años en el colegio. ¿Debería ser que los niños estuviesen preparados para la siguiente etapa educativa? O bien, ¿ayudar al niño a crecer intelectual, emocional y socialmente, a pesar de que dicho crecimiento no tenga nada que ver con aprender a leer, a contar o a poner en marcha una computadora? La respuesta es la combinación de ambas posibilidades.

El énfasis en una u otra dependerá de las preferencias del profesor y del director. Y por supuesto, también tendrá que ver con las políticas del distrito escolar y del estado en ese determinado momento.

¿Enseñar bien es un arte o una ciencia?

Desde luego que no se nace siendo un buen profesional, se aprende a serlo. Los profesores adquieren conocimientos sobre la manera en la que el niño se desarrolla intelectual, emocional y socialmente. Se les enseña a comprender la complejidad que encierra el proceso mediante el cual un niño aprende un concepto o desarrolla una habilidad. Y aprenden también a organizar actividades apropiadas para cada etapa del desarrollo del niño.

Las características personales, al igual que los valores y creencias de cada uno, diferencian a las personas. Se pueden enseñar pero no siempre se aprende. La habilidad de un profesor para inculcar en sus alumnos el amor por aprender, un espíritu curioso y el gusto por el logro personal es un arte, no una ciencia.

> ### Rene, madre de Bart, 7 años
>
> Creo que un profesor de educación infantil puede saber perfectamente si un niño se siente a gusto con él o no. Desafortunadamente, había tantas reglas en la clase de mi hijo que le tenía aprehensión al colegio. Le pusimos con otro profesor al segundo mes de clase y rápidamente Bart parecía otro niño.

Enseñar a niños

Sherry Kaufman ha trabajado como profesora de educación infantil durante veinticinco años y Sandra Chon Wang durante diez. Ambas son profesoras de la *Westwood Charter Elementary School* en Los Ángeles.

Los primeros años de colegio dan al profesor una oportunidad estupenda para establecer la base sobre la que se asentará el devenir escolar del niño. En realidad, van a determinar la manera en la que el niño verá el colegio a partir de entonces. Con frecuencia empezamos el año explicándole a los niños que «de la misma manera que sus padres y madres van al trabajo, ellos han de ir al colegio cada día para hacerlo lo mejor posible».

Uno de los aspectos que más satisfacciones da a los profesores de esta etapa es trabajar con los niveles de desarrollo de niños de cinco y seis años. Los niños de estas edades son honestos, sinceros y están deseosos de contarte su vida. En otras palabras, esto quiere decir que nosotros, los profesores, acabamos conociendo todos los detalles de su vida. Se puede decir que son como agentes secretos en miniatura que no se cortan en absoluto a la hora de contarle cosas a su líder (su profesor). Nada es sagrado a esta edad.

Uno de los beneficios de ser la profesora (o «ser supremo») de estos niños es que nunca te equivocas. Los padres con frecuencia se quejan de que su autoridad ha sido sustituida por la del profesor. Nos dicen que en casa los niños suelen decir cosas como «pero la señora Smith dijo que debía hacerlo de esta manera».

Los buenos profesores comprenden la manera de desarrollarse que tienen los niños de cinco a seis años. Con frecuencia se da una gran variedad de niveles académicos y sociales.

El principal obstáculo a comienzos del año es ayudar a los niños a adaptarse al cambio que supone pasar del entorno reducido de la escuela infantil, que concede una gran importancia a las actividades sociales, al ambiente más estructurado del colegio, en el cual se les pide a los niños que sean responsables e independientes.

La mayor carga es el periodo de transición llamado «la ansiedad de separación». Ésta puede ser experimentada tanto por los padres como por los niños. Contamos con estrategias válidas para ambos. A los padres los mandamos a tomarse una taza de café y les prometemos que sus hijos estarán bien. Con los niños usamos toda una variedad de soluciones. Por ejemplo, hacemos que el niño se siente a nuestro lado o le ponemos con un amigo; puede ser que les hagamos escribir una carta en la que puedan expresar sus sentimientos; también podemos dibujar un reloj y enseñarles la hora a la que volverán sus padres; o les podemos decir a los padres que metan en la cartera de sus hijos fotos, cartas u objetos familiares de manera que el niño los pueda ver a lo largo del día. Con frecuencia, nos encontramos con que la ansiedad de los niños dura sólo unos pocos minutos, mientras que la de los padres dura hasta que van a buscar a sus hijos. Intentamos recordar a los padres que le hablen al niño de lo bien que le ha ido en el colegio, de manera que se sienta seguro de volver al día siguiente.

A lo largo de los últimos años, uno de los descubrimientos que hemos hecho como profesoras de educación infantil es que los niños llegan al colegio más preparados y con más información que nunca. El gran reto de la educación infantil hoy en día es intentar mantener un equilibrio entre un programa apropiado desde el punto de vista de su desarrollo, que incorpore el juego como vehículo de aprendizaje, y una forma de presentar la información de una manera rica en contenido y lo suficientemente motivadora para todos los niveles de aprendizaje.

Carmen, madre de Ana, 6 años, Sawyer, 8, y Enrique, 11

Personalmente pensaba que me gustarían más los profesores con más experiencia, los que habían visto de todo. Dos de mis hijos tenían profesores mayores y uno tenía un profesor que sólo había enseñado durante dos años. Aprendí que la edad no significa nada, pero que el entusiasmo y el amor por los niños lo son todo.

Reuniones con los padres

Dependiendo del profesor, el valor de las reuniones con los padres cambiaba considerablemente. El análisis de la profesora de nuestro hijo era concienzudo y ella estaba bien preparada. Fue una experiencia educativa magnífica y todos los miedos que tenía desaparecieron.

Cheryl, madre de Susan, 7 años.

–En la primera reunión con el profesor yo estaba muy nerviosa –dijo Margaret–. Billy es hijo único y yo estaba preocupada porque su transición al colegio no fuera fácil. Me preguntaba si sus dificultades de adaptación se reflejarían en cómo le fuera en el colegio.

–Le iba bien –añadió el marido de Margaret, Joe–. Paró de llorar cuando le dejé por la mañana y enseguida hizo un montón de amigos.

Margaret se encogió de hombros. Ella y su marido veían la situación de un modo diferente.

–Antes de reunirnos con el profesor hice una lista de preguntas que quería hacerle.

–Quince para ser exactos –añadió Joe con una leve sonrisa.

–De acuerdo, ya debes de haberte dado cuenta de que soy hiperprotectora y algo neurótica –dijo riéndose. Esto restó tensión a la situación–. Quizás me haya pasado un poco.

–¿Un poco? –preguntó Joe–. Imagínate. Entramos en la clase que había sido transformada en un acuario porque los niños estaban estudiando los mamíferos oceánicos. El profesor, el señor McCormick, que lleva diez años dando clase, nos saludó e invitó a entrar y sentarnos. Sobre la mesa había una carpeta con el nombre de Billy. Antes de que empezara a hablar, Margaret va y saca su lista de preguntas del portafolios dando la impresión de que se iba a poner a leerla en alto.

–Es verdad adopté una actitud un tanto agresiva –explicó Margaret.

–Antes de que Margaret pudiera hablar, el profesor nos dijo que Billy era un chico estupendo. Y es verdad. Billy es inteligente pero impaciente, algo mandón y bastante refunfuñón. Pero es capaz de pedir disculpas cuando se da cuenta de que se ha equivocado. Ahora están trabajando juntos sobre «el control de los impulsos». Cuando yo era pequeño a esto lo llamaban pegar –dijo Joe.

–El señor McCormick también había observado que Billy era inteligente y tenía unas extraordinarias condiciones para actuar de líder, por eso el resto de niños de la clase le adoran –dijo Margaret.

Se puso roja por un momento.

–Le dije a Margaret que devolviera su lista de preguntas a su maletín –intervino Joe–. Nuestro tiempo había terminado. Además, sabía que Margaret no le presionaría más después del buen trabajo que había hecho.

–En efecto, cariño.

El equipo padres-profesor

Marie Hedley Rush imparte educación infantil en *Alimacani Elementary School* en Jacksonville, Florida.

Los primeros meses de colegio son estresantes para todos los padres. La primera entrevista con ellos también puede serlo. Al igual que el primer profesor de tu hijo, tú también puedes tener una cierta idea de cómo se está desenvolviendo el niño. La entrevista con los padres es una oportunidad para saber cómo le está yendo a tu hijo en el entorno de la clase, en la que hay preocupaciones nuevas y diferentes al igual que nuevos retos.

A partir de que el niño empieza a ir al colegio es importante darse cuenta de que tú y el profesor de tu hijo sois un equipo. Es responsabilidad tuya asegurarte de que él o ella están al corriente de todas las novedades de tipo médico, social y emocional. No temas llamarle por teléfono, mandarle un correo electrónico o escribirle una nota. Es importante que el profesor de tu hijo reciba toda la información sobre tu hijo o tu hija que pueda estar afectando a su comportamiento en clase. Ésta es una etapa del desarrollo especialmente complicada, un nuevo hermanito o una enfermedad en la familia pueden provocar cambios significativos.

Si existe un problema, tus comentarios por escrito no serán suficientes, pide tener una entrevista con el profesor. No sientas que debes esperar a que el profesor pida una.

Antes de la reunión es una buena idea poner por escrito tus preguntas y dudas. De esa manera, cuando hables con el profesor serás capaz de recordar los temas que quieres tratar. Deberías darte cuenta, sin embargo, de que en muchos colegios, las reuniones formales son fijadas con antelación y se establece un tiempo máximo para ellas.

En estas reuniones formales, los profesores comienzan por decirles a los padres cómo le va al niño en el colegio. ¿Se le ve cómodo en clase? ¿Va entendiendo las rutinas básicas? ¿Juega con los demás niños de manera constructiva? ¿Participa en las actividades de la clase? ¿Es capaz describir sus sentimientos? ¿Cómo se desenvuelve en la resolución de conflictos? ¿Es capaz de usar palabras para resolver sus problemas, o saber controlarse (se manifiesta con patadas o dando golpes) le resulta difícil?

El profesor también te enseñará algunas muestras de lo que hace tu hijo en clase. Verás dibujos, letras y números que está empezando a escribir, a lo mejor alguna página de su diario y otros proyectos que son una muestra de las habilidades de tu hijo.

John, padre de Justin, 8 años

La reunión con el profesor de Justin fue bastante extraña. Yo estaba preparada para hablar de temas académicos y ella nos habló de motricidad.

Antes de la reunión debes considerar que el profesor de tu hijo probablemente también quiera hablar de aquellos temas en los que necesita mejorar. La crítica constructiva ha de ser presentada igualmente de una manera positiva. Es importante que cuando el profesor te comente los problemas sugiera también posibles soluciones. Los buenos profesores te invitarán a intervenir en la conversación.

En el mejor de los casos, estas reuniones te dan la oportunidad de que tú y el profesor de tu hijo intercambiéis información. Es una oportunidad para que el profesor y tú expongáis vuestras opiniones. Debería ser una forma de que pudieras expresar todas tus preocupaciones, a la vez que también comentar las cosas buenas. Si no lo has hecho todavía, estas reuniones son una buena oportunidad para participar de manera más activa en la educación de tu hijo, ya sea en el colegio o en casa.

Entablar una buena relación con el profesor es un elemento fundamental para que tu hijo tenga una experiencia educacional positiva. Cuanto mejor os comuniquéis tú, tu cónyuge, vuestro hijo y su profesor más satisfactoria será la experiencia de todos.

Connor, padre de Melanie, 6 años, y Robby, 9

El problema más grave de mi hija era la socialización. Su profesora trabajó con mi mujer y conmigo de manera que pudiéramos afianzar en casa lo que hacía en el colegio.

Tareas

Nuestra hija pedía a gritos tener tareas. Había visto a sus hermanas hacerlas durante años e incluso fingía estar haciéndolas. Le compramos lápices, papel de dibujo, rotuladores, papel cuadriculado, pegamento y todo lo demás que necesitaba. Cuando llegó a la escuela, las tareas eran ya algo cotidiano.

Won, madre de Camilla, 7 años, Tess, 10, y Emily, 15.

Hace unos años, sabiendo que Bernie y yo seríamos pronto padres de un niño que empezaba a ir al colegio, nuestros amigos con hijos mayores se sintieron en la obligación de compartir con nosotros algunas de las cosas desagradables con las que sus hijos habían tenido que enfrentarse. Un día, cuando Bernie, Alex y yo fuimos de paseo a las montañas con algunos de nuestros amigos con hijos, pude hablar con Ian, un productor de televisión al que conozco desde hace tiempo, sobre el problema.

Mientras caminábamos para alcanzar al grupo, Ian se volvió y me dijo:

–Prepárate para las tareas.

–¿Las tareas? –respondí con una carcajada–. ¿Estás bromeando?

–No, en absoluto –me dijo con su acento británico intacto después de haber pasado veinte años en Estados Unidos.

–¿Qué clase de tareas pueden hacer los niños cuando ni leen ni escriben?

–El temido proyecto oso.

–¿De qué estás hablando? –le pregunté.

–Es bastante probable que cada viernes por la tarde, en cada clase un niño sea responsable de llevarse un osito de peluche equipado con una mochila llena de ropa y un cuaderno a su casa. El niño tiene la responsabilidad de incluir al osito en todas las actividades del fin de semana de la familia –me explicó.

–¿Por qué tienen los niños que hacer eso?

–La idea es que les enseña a ser responsables. Supongo que depende del niño. Un amigo nuestro le dijo a Hillary –su mujer– que cuando su hijo Peter vino a casa con el osito, Peter lo metió en el armario y no lo sacó hasta el lunes. Cuando su profesora le preguntó: «¿Qué es lo que has hecho con tu osito esta fin de semana?», Peter contestó que se le había olvidado, lo cual sería posible conociendo a Peter.

Me reí, aunque sabía que este era un comportamiento irresponsable, pero divertido.

–¿Qué pasó con tu hija Isabelle?

–Para alguien a la que nunca le han gustado los peluches o las muñecas, nos extrañó la atención que prestó a su osito. Le llevó a todos los sitios a los que fuimos y lamentablemente fue un fin de semana bastante intenso.

Sonreí. Él continuó:

–El viernes por la noche el osito vino a cenar con nosotros. El sábado fue al cine a ver una película para niños durante la cual Isabelle le explicó el argumento. El domingo nos acompañó a almorzar a casa de los padres de Hillary que acababan de llegar de Londres. Después de la comida, le sugirieron a Hillary en privado que por qué no regresaban todos a Inglaterra para que Isabelle pudiera tener una educación más normal. El domingo por la noche, fuimos a la fiesta de cumpleaños de mi hermano James. Isabelle pasó toda la noche hablándole al osito. Lo acostó, lo despertó y fingió que le daba el biberón. Los amigos solteros de James estaban extrañados de ver al osito. No dijeron nada porque no querían herir los sentimientos de Isabelle, pero nos miraron mucho a lo largo de toda la cena.

–Supongo que el osito no dio problemas –dije.

—Por supuesto que no.

—¿Qué escribió Isabelle en su cuaderno?

—Como dijiste antes, no sabe escribir. A pesar de todo, sí que hizo algunos dibujos en los que el osito parecía una gota marrón.

Me reí mucho. Ian fingió que se enfadaba.

—Es fácil para ti reírte ahora, pero espera y verás.

Mientras pensaba en lo que me había dicho, tropecé con una piedra y me hice daño en la rodilla. Inmediatamente miré hacia arriba y pensé: «De acuerdo, de manera que no debía haberme reído de la tarea de Isabelle. Lo siento. Fue poco sensible por mi parte».

Está vez fue Ian el que se rió.

Lo que dice la práctica

Sherry Kaufman ha sido profesora de educación infantil durante veinticinco años y Sandra Chon Wang durante diez. Las dos son profesoras en *Westwood Charter Elementary School* de Los Ángeles, California.

Aunque no estamos seguras de que vayas a encontrar un osito de peluche en cada clase de los Estados Unidos, no es una mala idea. A los niños les suele encantar esta tarea porque consideran que es divertida. A los profesores les gusta porque les enseña a los niños responsabilidad y permite que desarrollen su habilidad para redactar.

El diario, que acompaña al osito, es una herramienta muy importante, una expresión tangible de la relación entre la palabra dicha y la escrita. A medida que la semana avanza, los niños les dictan sus historias a sus padres y observan cómo sus padres ponen por escrito sus palabras. Cuando la clase oye estas historias leídas en alto el lunes, se convierten en una forma concreta y excitante de ver la conexión entre lo dicho, lo escrito, lo leído y lo oído.

El proyecto del osito es una buena manera de enseñar a los niños responsabilidad. En nuestras clases, un niño se lleva el osito a su casa el viernes y lo devuelve el lunes. Los padres nos suelen decir que sus hijos no sólo se toman muy en serio cuidar de Teddy, sino que el proyecto tiene un valor adicional. En algunas familias sirve para que los hermanos compartan responsabilidad. En otras, se convierte en un proyecto de familia hasta con fotografías.

Susan, la madre de Drew, un niño con necesidades especiales, nos contó una historia conmovedora. Era el primer mes del colegio, lo que significa que todavía había pocos niños que hubieran llevado el osito a sus casas. Así que el nombre de Drew fue elegido por sorteo para que se llevara al osito. De repente, Drew se convirtió en una persona importante.

«Hasta entonces –dijo Susan– Drew no había quedado con otros niños para jugar, posiblemente porque no hablaba mucho y era un poco retraído. Pero el viernes por la tarde, después de que se hubiera convertido en el protector del osito, Marc, otro niño de la clase, se le acercó para jugar».

Susan admitió más tarde: «Tanto la mamá de Marc como yo sabíamos que Marc le había pedido a Drew que jugara con él para poder jugar con el osito. Lo más impresionante fue que treinta minutos más tarde, los niños pusieron al osito en una silla en la esquina y jugaron ellos solos durante dos horas. Marc y Drew se hicieron rápidamente amigos... y todo fue gracias al osito».

Grez, el padre de Julie, nos contó una de las historias más peculiares de todas sobre la aventura del osito con su familia. A medida que el fin de semana avanzaba, Grez y su familia se sentían orgullosos de ver cómo cuidaba Julie del osito. Todo iba bien hasta que Julie se llevó el osito al partido de baloncesto de su hermana Lesley, que está en el instituto. En un momento de distracción, Julie debió tirar el osito y se olvidó de él. Cuando se fue a la cama y se dio cuenta de que el osito había desaparecido, se puso a llorar.

Grez le prometió a Julie que encontraría el osito la mañana siguiente. Lesley consiguió una llave para entrar en el gimnasio. Fueron hasta el instituto para buscarlo, pero no estaba allí. El entrenador de Lesley llamó al conserje del instituto, pero no lo había visto. Entonces Grez decidió buscar por las tiendas un osito que se pareciera, pero no encontró ninguno.

El lunes por la mañana, cuando Julie y Grez fueron al colegio para decirles a los profesores que el osito se había perdido, la profesora les consoló y sacó otro osito del armario. Evidentemente no era la primera vez que desaparecía el osito. Greg me dijo que estaba tan aliviado que no podía controlarse de la emoción. Julie lo llevó con más calma.

Jay, padre de Evie, 6 años

En la orientación, cuando los profesores nos hablaban de las tareas, me reí porque creí que hablaban en broma. Mi mujer me dio un codazo. Me di cuenta de que nadie más se reía.

Aprendiendo a ser responsables

Denyse Anderson Lucas es profesora de educación infantil en *Morehead Elementary School* en Greensboro, North Carolina.

Mi madre puede atestiguar que yo no tenía tareas en el colegio a esa edad. Cuando mi madre estaba en el colegio, no había nada parecido. En los años de cambio de la educación, en los que se ha establecido la educación infantil, las tareas se han convertido en algo normal. Si no has tenido relación con un colegio últimamente, o incluso aunque la hayas tenido, tendrás muchas preguntas que hacerte: «¿Traerá mi hijo tareas a casa? ¿Por qué? ¿Cuántas? ¿Cómo serán? ¿Necesito ayudarle?».

Hoy en día, la mayor parte de los alumnos de educación infantil tiene tareas. El motivo es doble. Primero, la responsabilidad de llevar trabajo a casa y hacerlo en el plazo previsto. Formar este hábito a edad temprana es muy importante para los padres y los alumnos de cara al futuro. Este hábito se formará con la ayuda tanto tuya como del profesor. Por otro lado, las tareas sirven como un vínculo entre la casa y el colegio. A través de las tareas de tu hijo podrás saber lo que están haciendo en clase. Las tareas se dan normalmente como un refuerzo de lo que se esté tratando en el aula. Éste es un momento importante para ambos, ya que si el niño ve que te lo tomas en serio, lo tomará como un síntoma de que es algo importante.

Las tareas han de ser muy básicas, aunque un buen profesor será capaz de hacer que resulten creativas. Al principio, lo más probable es que el niño haga ejercicios de escritura o de matemáticas muy sencillos. A mediada que pase el año, el niño comenzará a escribir palabras y frases y a leer libros apropiados para su edad. Con frecuencia, los profesores le pedirán a los estudiantes que recojan objetos o que observen algún objeto, hojas o insectos, relacionados con la unidad didáctica que estén tratando o, a lo mejor, que lleven un calendario en el que apunten el tiempo de cada día de la semana.

> ### Laurie, madre de Byron, 5 años
>
> Las tareas de nuestro hijo le ocupan aproximadamente diez minutos cada noche. No son gran cosa.

Tu hijo necesitará tu ayuda para hacer las tareas. Establece un tiempo para ello cada tarde. Probablemente tengas que leerle ciertas instrucciones. De todas formas, deja que tu hijo haga su propio trabajo incluso si se equivoca. Seguro que aprende de ello. Si a tu hijo le cuesta hacer los deberes, fija un tiempo máximo. Veinte minutos suele ser el tiempo máximo para hacer un ejercicio. Si se frustra, para y vuélvelo a intentar más tarde. Cinco problemas de matemáticas bien hechos son mejor que una página de problemas y un niño frustrado.

Si las tareas se convierten en una lucha, o bien no motivan al niño lo suficiente, habla con el profesor sobre cómo invertir este tiempo mejor. Ese es su trabajo.

Y, lo más importante de todo: considera que tu tarea es causar una buena impresión en tu hijo. Intenta que tu hijo te vea leer, escribir o hacer algún tipo de operación matemática en casa; no importa que sea elaborar la lista de la compra, leer una revista o planificar una cena fuera. Tú eres la mejor y mayor influencia en la vida de tu hijo.

Tests

Nunca obtuve buenos resultados en los tests y ahora soy profesora universitaria.

Tandra, madre de Calvin, 7 años, y Kathy, 9.

–¿Qué opinas sobre los tests que intentan determinar si el alumno está preparado para empezar el colegio? –le pregunté a Marshall, un amigo mío que da clases en preescolar.

–Para ser sincero –respondió–, no los entiendo.

–¿Qué quieres decir?

–He enseñado preescolar durante diez años. Todo el mundo sabe que los tests no son la mejor manera de determinar la inteligencia o habilidad de un niño.

–Entonces, ¿por qué se hacen? –le pregunté.

–En nuestra escuela se les hace un test sólo si van a ir a la privada. Aproximadamente un tercio de nuestros alumnos toman esta dirección. Imagino que en zonas menos privilegiadas socioeconómicamente, en las que incluso puede que los niños ni siquiera hayan ido a la escuela infantil, también se les harán pruebas de este estilo de cara a su entrada en un colegio público. De cualquier forma, los colegios públicos hacen pruebas o tests independientemente de que estos sean apropiados para el desarrollo o no. Y hacen tests diferentes.

–¿Cómo?

–Algunos de los colegios más progresistas se basan para sus pruebas en las observaciones que hacen de los hábitos de juego de los niños.

–Me resulta difícil determinar el criterio que hay que seguir para ser un «jugador destacado» –dije bromeando–. ¿Puede tener algo que ver con compartir los juguetes, no tirarle arena a los demás y demostrar un cierto nivel de creatividad?

–Ese sería un buen método de evaluación de los juegos que se realizan en el patio, pero quedan muchas actividades más como saltar, esquivar, montar en triciclo, y otras actividades que tienen que ver con el desarrollo motor, sin olvidarse de los juegos que se hacen dentro del centro, que en el caso del nuestro es casi todo lo que hacemos además de lo que he citado anteriormente.

–¿Te refieres a recortar, pegar, dibujar, construir con bloques y cosas por el estilo?

–Sí y también contar historias.

–Eso me parece un buen medio para obtener información –le dije.

–Sí, es especialmente interesante si los niños saben que se les van a hacer ciertas pruebas y los padres les han instruido al respecto. Probablemente prometiéndoles algún regalo a cambio.

–Bueno Marshall, la verdad es que no estoy de acuerdo contigo. Como tú no eres padre, creo que no te das cuenta de que en algunas situaciones los premios son la mejor herramienta que tienen los padres.

Me echó una de sus miradas y yo me encogí de hombros.

–Sí, pero los padres les enseñarán a sus hijos a no contar historias que tengan que ver con las aventuras de personajes de ficción, personajes en películas inapropiadas a las que han llevado a sus hijos o sobre la rivalidad entre hermanos.

–Quieres decir que los niños no deberían inventar historias sobre cigüeñas maravillosas que se llevan a sus hermanos o hermanas por donde vinieron.

–Algo parecido –me contestó–. Y tampoco deberían utilizar palabras referidas a las necesidades fisiológicas de todo ser humano. ¿Tú me entiendes?

–Por supuesto y me parece una buena idea –le dije–. Bueno, pero háblame de los tests de tipo académico.

–Son los más comunes. Hay toda una polémica en torno a estar o no preparado para ir al colegio. A los niños se les dan libros de ejercicios y se les pide que rellenen los distintos apartados en blanco. Para colmo, como se les dice que se les va hacer un test, los niños van ya nerviosos. Algunos padres hasta les dan clase en casa para prepararlos o incluso los mandan a clases especiales los sábados.

–Seguro que eso hace que los niños estén deseando ir al colegio –respondí.

–Sí, seguro que sí –dijo Marshall con sarcasmo–. Aunque claro también existe la entrevista personal.

–¿Parecida a la que se hace a un adolescente que empieza la universidad?

– Sí, sólo que no puedes olvidarte de que estamos hablando de niños que tienen entre cuatro y cinco años.

–¿Y cómo puedes preparar a un niño de cara a una entrevista? –le pregunté ingenuamente.

–El contacto visual es fundamental, al igual que sonreír.

–¿Pero si sonríen demasiado no parecerán estúpidos?

–Como en todo hay ciertos límites y son ellos los encargados de encontrarlos.

–Supongo.

–Por otro lado también quieres que tu hijo sea educado. Por eso el niño debe comprender que no es una buena idea hacer caras, cantar o ir dando brincos.

–Eso me suena algo rígido –le dije.

–Por último les tienes que enseñar a contestar a las preguntas de una manera directa.

–Vaya, me pregunto cuántos alumnos podrían pasar las pruebas.

–Da que pensar, ¿verdad?

Stuart, padre de Brianna, 6 años, y Laurie, 8

Preparamos a nuestros hijos en casa para las pruebas y desde luego se nota la diferencia.

Los tests

Samuel J. Meisels, *Ed. D.*, es profesor de Ciencias de la Educación de la Universidad de Michigan y autor de *Developmental Screening in Early Childhood: A Guide.*

¿Qué valor tienen las pruebas o tests estándar en esta etapa?

Este tipo de pruebas tienen su valor para ciertos propósitos. Cada niño que empieza a ir al colegio debería ser sometido a una prueba que permitiera valorar su desarrollo y permitir determinar si tiene algún tipo de necesidad especial. Los niños que no tienen buenos resultados pueden necesitar un examen más profundo. No se puede tomar ninguna decisión basándose exclusivamente en el primer tipo de prueba ya que es únicamente el resultado de un test estándar valioso, pero limitado.

Antes de comenzar las clases, se suelen realizar tests que permiten determinar si el niño está preparado para ir al colegio, pero diversos estudios han demostrado que los niños pueden tener malos resultados en estas pruebas, más porque no han tenido la oportunidad de aprender lo que viene en el test que porque no sean capaces de aprender. Los niños que no obtienen buenos resultados en este tipo de test son precisamente los que necesitan ir al colegio. Me opongo de manera rotunda a estos tests como manera de decidir quién puede o no ir al colegio porque no tienen la capacidad de predecir.

Los tests de rendimiento son aquellos sobre los que los padres leen en los periódicos. Se usan en muchos lugares para establecer el ranking de clasificación de los colegios. Cada estado sigue un tipo de test y muy pocos de ellos se realizan antes de tercero de primaria. Algunos estados y distritos escolares realizan pruebas similares, como el *Iowa Test of Basic Skills* y el *California Achievement Test* (CAT). Si estos tests tienen escaso valor para los padres, los profesores y los políticos, menos valor tienen aún para los niños. Nos dicen muy poco sobre lo que el niño está aprendiendo.

Mark, padre de Victoria, 6 años, y Drew, 9

Después de dos semanas de tests, mi hija llegaba a casa con dolor de estómago cada día. Pensé que le saldría una úlcera.

¿De qué forma se les hacen los tests de rendimiento a los niños que quieren empezar a ir al colegio?

Los tests de rendimiento y de disposición revelan lo que el niño ha sido capaz de aprender en las diversas áreas curriculares como las matemáticas, la lectura y las ciencias. Este tipo de pruebas normalmente se realizan en grupo, lo que es un problema para muchos niños. Los investigadores han encontrado que cuando se les pide a niños de entre cinco y seis años estar sentados por periodos largos de tiempo, incluso aunque el tiempo se divida en segmentos de media hora cada uno, los niños hacen lo que se puede suponer. Se levantan de sus asientos, se dicen las respuestas los unos a los otros, se pelean. Aunque se supone que los profesores que hacen los tests deberían repetir las instrucciones si los niños no están prestando atención, muchas veces se olvidan de hacerlo.

Irónicamente, aunque se piensa que este tipo de pruebas estándar son objetivas, lo cierto es que no lo son. No son una buena manera de predecir el éxito futuro del niño.

Los programas que buscan preparar al niño para que tenga los mejores resultados posibles están diseñados para que el niño sea capaz de encontrar las filas y las columnas y rellenar los espacios en blanco, así como concentrarse en el contenido del test. Cuando el profesor le enseña al niño una página del cuadernillo y le dice: «Encuentra la fila que tiene un pájaro dentro», rápidamente encontrará la fila a la que se refiere el profesor. El problema de esto es que los resultados del niño mejorarán debido a este tipo de preparación, pero esto no significa que el niño sepa más. Al niño simplemente se le ha enseñado lo que hay en el test.

¿Qué efecto tienen este tipo de pruebas en los niños?

Los niños aprenden muy rápidamente que hacerlo bien o mal en este tipo de pruebas tiene sus consecuencias. También encuentran por primera vez que las normas han cambiado en su clase. Antes se admitía hacer preguntas si no se entendía algo, moverse del sitio y trabajar con los compañeros. El profesor estaba allí para apoyar al niño, para ser su compañero a lo largo del proceso de aprendizaje. Pero cuando se hace un test, los niños tienen que estarse quietos en su sitio y permanecer callados mientras hacen lo que se les ha pedido. En realidad se convierte en una experiencia desagradable para el niño.

¿Qué deberían saber los padres sobre los tests?

Lo fundamental para los padres es saber que tanto los tests de rendimiento como los de disposición frecuentemente no reflejan lo que el niño sabe o lo que es capaz de hacer. Tanto si lo hace bien como si lo hace mal, los resultados que el niño consigue en estos tests no son algo que valga de mucho. Ningún test hecho en una única ocasión va a poder decirte lo que tu hijo sabe y muchos profesores son conscientes de que no dan una idea real de lo que el niño está haciendo en el colegio. Por eso, habla con tu hijo. Intenta saber lo que está haciendo. Habla también con el profesor de tu hijo sobre sus progresos. Recuerda que la mayor parte de esos tests no pueden evaluar de una manera exacta los logros de tu hijo. No deseas que tu hijo sea una víctima de una política que no está bien orientada.

Afortunadamente, no hay una gran cantidad de tests de rendimiento en el colegio, pero sí que hacen una gran cantidad de tests de disposición para determinar si los niños están preparados. Una herramienta mejor es la evaluación de la realización de las tareas por parte del niño y de sus conocimientos. Los profesores pueden hacer un seguimiento del niño y evaluar lo que ha aprendido para después informar a los padres sobre cómo le va a su hijo. Cada vez hay más distritos escolares que usan este tipo de evaluación en lugar de las pruebas convencionales. Este tipo de evaluación le da al profesor información sobre el progreso del niño de forma que pueda determinar sus puntos fuertes y débiles, para así poder adaptar el currículo a las necesidades del niño. Enriquece el currículo y, por lo tanto, mejora los resultados del aprendizaje.

Marla, madre de Morgan, 7 años, y Elyse, 9

En lo que a mí respecta creo que es algo bueno. Se está preparando a los niños para la primaria y es importante saber en qué nivel están.

Zen del colegio

–¿Qué es lo que hace que empezar a ir al colegio sea algo tan importante? –le pregunté a mi amiga Gracie, que antes de especializarse en botánica había investigado sobre temas de educación.

Reflexionó por un momento y me dijo:

–Los primeros años en el colegio determinan cómo le irá al niño en sus años escolares. Si tiene una buena experiencia, estará encantado de ir, si no lo pasará mal y dudará de sus habilidades.

–¿Tan pronto? –le pregunté sorprendida.

–Sí. Y para los padres es el comienzo de la educación formal de sus hijos. Las evaluaciones de los niños en este nivel son parte del proceso acumulativo de experiencias de aprendizaje del niño hasta el instituto.

–Seguro –dije riéndome–. El colegio es el primer paso del niño en su camino hacia la universidad.

–Ambas conocemos a padres que se sienten así. Es la respuesta que hubiera esperado por tu parte si no le hubieras dado la vuelta y hubieras decidido centrarte en los aspectos emocionales.

–Yo no calificaría el centrarse en el aspecto emocional del colegio como darle la vuelta al tema –le respondí–. Debo admitir que es extraño que no haya hecho una aproximación más analítica del mismo, pero no es típico de mí que durante un período de nueve meses me sintiese como si estuviera en una montaña rusa –admití–. Es curioso que llevara el tema de una manera menos madura que Alex.

–Y, ¿a qué atribuyes una conducta tan rara por tu parte?

–Al típico trauma que se sufre cuando tu hijo empieza a ir al colegio. No estaba preparada. Nadie me dijo qué podía esperar. El primer día de clase tenía tal ataque de ansiedad de separación que cuando Alex abandonó el auditorio camino de su clase, apenas podía respirar. Afortunadamente no tenía que dejarlo en el colegio; estuvimos separados sólo durante media hora. Al día siguiente, cuando le vi marchar con su profesor, vomité, me metí en el coche y me puse a llorar.

Gracie parecía haberse quedado muda.

–Unas semanas más tarde, también lloré cuando vi lo primero que Alex había escrito en su cuaderno.

–¿Qué escribió?

–*d*.

–¿La letra *a*?

–Sí. Después *b*, una especie de *l* al revés y alguna cosa más. Y su profesora había puesto un sello y todo.

–¿Un sello?

–Sí, ya sabes, un sello de caucho con frases como «buen lector», «estupendo», «buen trabajo»; o sellos con dibujitos como una cara sonriente, unos labios rojos que significan besos y abrazos, un oso sonriente, un tiburón bajo el que se lee «tiburón», un pingüino con un lápiz escribiendo «primera clase».

–¿Y esto hizo que te pusieras a llorar?

–Sí.

–¿Por qué?

Me encogí de hombros.

–Dios mío, no me había dado cuenta de lo difícil que te resultaba adaptarte a las nuevas situaciones. ¿Por qué no me lo habías dicho?

–Creo que lo intenté pero parecías ocupada.

–Y con razón –respondió sonriendo–. ¿Puedo preguntarte si hay algo más que quieras compartir conmigo?

–Si te pones así no te diré nada sobre las primeras excursiones, las fiestas, las reuniones con la profesora o la clausura del curso –le dije.

—¡Caramba!

—Gracie, tú te lo has perdido, no yo. Aparte de tener un hijo, que éste vaya al colegio es una de las experiencias más maravillosas que conozco. El instinto de protección (proteger a tu hijo de cualquier daño, procurar que se encuentre bien, que crezca adecuadamente) te llena de energía. Espera a que Justin crezca.

—No soy tan emotiva como tú.

—Aunque eso sea así, teniendo en cuenta que tienes un doctorado en educación, no comprendo el porqué de tu desinterés.

—Los estudios estadísticos sobre educación están tan lejos de la educación como la botánica de la jardinería.

—Pero seguro que ves la similitud que existe entre tus dos profesiones.

—Si te refieres a Friedrich Froebel, el jardín del niño, plantar la semilla y verla crecer, dejo de ser tu amiga —dijo Gracie.

Sonreí como un maestro Zen. Y al decir «Dios bendiga a los niños», nos echamos a reír.

Apéndice

Características de una buena clase

Reproducido con el permiso de la *National Association for the Education of Young Children.*

El colegio a esta edad es el momento ideal para que el niño desarrolle su amor por aprender, sus conocimientos, su habilidad para llevarse bien con los demás y su interés por conocer lo que le rodea. Aunque son años de transición en los que el niño pasa de la escuela infantil al colegio, es importante que los niños tengan todavía la oportunidad de ser niños. Preparar a los niños para la primaria no significa sustituir el tiempo de juego por lo académico, presionar a los niños para que hagan cosas de cursos superiores o confiar en tests estándar para que evalúen los progresos de los niños. Realmente, el currículo de la escuela infantil en su segundo ciclo, cuando ya se realiza en el colegio, incluye actividades como tiempo para la merienda, el recreo y actividades de grupo e individuales además de aquellas actividades que se pueden considerar como tradicionalmente educativas.

Las clases que son apropiadas para el desarrollo del niño son aquellas en las que se anima al crecimiento de la autoestima de los niños, sus identidades culturales, su independencia y sus capacidades o habilidades particulares. Los niños continuarán desarrollando el control de su propio comportamiento a través de la guía y el apoyo de adultos que se ocupen de ellos. En esta etapa, los niños poseen una curiosidad innata y están listos para aprender. Aquellos profesores que tengan una fuerte formación en educación infantil y en el desarrollo del niño pueden proporcionarles a los niños lo que necesitan para crecer física, emocional e intelectualmente.

253

A continuación se detallan algunas de las características deseables en una clase de educación infantil en el colegio.

1. Los niños juegan y trabajan con materiales o con otros niños, no vagan sin rumbo, ni se supone que tengan que permanecer sentados durante largos periodos de tiempo.

2. Los niños tienen acceso a varias actividades a lo largo del día, como construcción de bloques, juegos de ficción, libros ilustrados, pinturas y otros materiales de tipo artístico, o actividades de expresión plástica y juguetes, o juegos como puzzles y rompecabezas. Los niños no hacen varias cosas a la vez.

3. Los profesores trabajan con los niños individualmente, en grupos o con toda la clase. No pasan todo el tiempo con toda la clase.

4. La clase está decorada con cosas creadas por los propios niños, cosas que escriben aunque se inventen las letras e historias dictadas.

5. Los niños aprenden las letras del alfabeto y los números dentro del contexto de la vida diaria. Exploran la naturaleza llena de plantas y de animales, aprenden a cocinar, a controlar la asistencia o a servir la merienda. Todas son actividades significativas para los niños.

6. Los niños trabajan en proyectos y disfrutan de largos periodos de tiempo de al menos una hora para jugar y explorar. Rellenar hojas de ejercicios no debería ser su principal ocupación.

7. Los niños tienen la oportunidad de jugar al aire libre si el tiempo lo permite. Jamás se prescinde de este tiempo para sustituirlo por una clase formal.

8. Los profesores leen libros a los niños a lo largo del día, no sólo a la hora de la historia de grupo.

9. El currículo está adaptado tanto para los que van más adelantados como para los que necesitan ayuda. Como los niños tienen antecedentes

muy diferentes, no aprenden las mismas cosas a la vez y de la misma manera.

10. Los niños y los padres miran con ilusión el colegio. Los padres se sienten seguros al enviar a sus hijos al colegio. A los niños les gusta ir, no se pasan el día llorando o quejándose porque se sientan enfermos.

11. Cada clase es diferente y el currículo es distinto dependiendo de los intereses y la formación de los niños. Pero todas las clases apropiadas para el desarrollo tendrán una cosa en común; se centrarán en el desarrollo del niño en su totalidad.

Recursos

Lecturas recomendadas

AMES, LOUISE BATES Y FRANCES L. ILG. *Your Two-Year-Old: Wild and Wonderful.* Dell, 1981.

AMES, LOUISE BATES, FRANCES L. ILG Y BETTY DAVID. *Your Five-Year-Old: Sunny and Serene.* Dell, 1981.

——*Your Six-Year-Old: Loving and Defiant.* Dell, 1981.

BALTER, LAWRENCE Y CATHERINE TAMIS-LEMONDA, EDS. *Child Psychology: A Handbook of Contemporary Issues.* Psychology Press, 1999.

BANKS, JAMES A. *Multicultural Education: Issues and Perspectives.* John Wiley & Sons, 1999.

——*Educating Citizens in a Multicultural Society.* TEACHERS COLLEGE PRESS, 1997.

BANNER, JAMES M. JR. Y HAROLD C. CANNON. *The Elements of Teaching.* Yale University Press, 1997.

BETTELHEIM, BRUNO. *A Good Enough Parent.* Vintage Books, 1987.

BETTELHEIM, BRUNO Y KAREN ZELAN. *On Learning to Read.* Knopf, 1992.

BLOOM, HILL. *Help Me to Help My Child: A Sourcebook for Parents of Learning Disable Children.* Little, Brown and Company, 1990.

BRIGGS, DOROTHY CORVILLE. *Your Child's Self-Esteem.* Doubleday, 1965.

BRUNNER, CORNELIA Y WILLIAM TALLY. *The New Media Literacy Handbook: An Educators Guide to Bringing New Media into the Classroom.* Anchor Books, 1999.

BRUNNER, JEROME. *The Process of Education.* Harvard University Press, 1962.

CAPLAN, THERESA Y FRANK. *The Early Childhood Years: The 2- to 6- Year-Old.* Bantam Books, 1984.

CLEMENTS, DOUGLAS, C., ALAN REIDESEL Y JAMES E. SCHWARTZ. *Teaching Elementary School Mathematics.* Allyn & Bacon, 1996.

COMER, JAMES. *Child by Child: The Comer Process for Change in Education.* Teachers College Press, 2000.

CUMMINS, PAUL F. Y ANNA K. CUMMINS. *For Mortal Stakes: Solutions for Schools and Society.* Peter Lang Publishing, 1998.

DOMASH, LEANNE Y JUDITH SACHS. *Wanna Be My Friend? How to Strengthen Your Child's Social Skills.* Hearst Books, 1999.

ELKIND, DAVID. *Miseducation: Preschoolers at Risk.* Knopf, 1992.

——*The Hurried Child: Growing Up Too Fast Too Soon.* ADDISON-WESLEY, 1981.

FISHER BOBBI. *Joyful Learning in Kindergarten.* Heinemann, 1998.

GARDNER, HOWARD. *Creating Minds.* Basic Books, 1993.

——*Multiple Intelligences: The Theory in Practice.* Basic Books, 1993.

GRAVES, MICHAEL, BONNIE GRAVES Y SUSAN M. WATTS-TAFFE. *Essentials of Elementary Reading.* Allyn & Bacon, 1998.

GRAVES, MICHAEL, CONNIE JUEL Y BONNIE GRAVES. *Teaching Reading in the 21st Century.* Allyn & Bacon, 1998.

GREENSPAN, STANLEY I., M.D. Y JACQUELINE SALMON. *Playground Politics: Understanding the Emotional Life of Your School-Age Child.* Addison-Wesley, 1993.

GRIFFITH, MARY. *The Unschooling Handbook: How to Use the Whole World as Your Child's Classroom.* Prima Communications, 1998.

GRIFFITH, MARY Y LISA COOPER. *The Homeschooling Handbook: From Preschool to High School, a Parent's Guide.* Prima Communications, 1999.

HALL, SUSAN L. Y LOUISE C. MOTAS. *Straight Talk About Reading: How Parents Can Make a Difference During the Early Years.* Contemporary Books, 1999.

HEALY, JANE. *Failure to Connect: How Computers Affect Our Children´s Minds—and What We Can Do About It.* Touchstone, 1999.

HIRSCH, E.D. Y JOHN HOLDREN. *What Your Kindergartener Needs to Know: Preparing Your Child for a Lifetime of Learning.* Doubleday, 1996.

HOLT, JOHN. *Freedom and Beyond.* Heinemann, 1995,

How Children Learn. PERSEUS PRESS, 1995.

KATZ, LILIAN. *Talks with Teachers of Young Children.* Ablex Publishing, 1995.

KATZ, LILLIAN Y SYLVIA C. CHARD. *Engaging Children´s Minds: The Project Approach.* Ablex Publishing, 1995.

KAY, ALAN. «Computers, Networks, and Education». *Scientific American* 265, (1991): n° 3.

KOETZSCH, RONALD E. *The Parents Guide to Alternatives in Education.* Shambahala, 1997.

KURCINKA, MARY CEDÍ. *Raising Your Spirited Child.* Harper Perennial, 1991.

LILLARD, PAULA PLOK. *Montessori Today: A Comprehensive Approach to Education from Birth to Adulthood.* Schocken, 1996.

MEISELS, SAMUEL. *Developmental Screening in Early Childhood: A Guide.* National Association for the Education of Young Children, 1994.

MEISELS, SAMUEL Y JACK P. SHONKOFF, EDS. *Handbook of Childhood Intervention.* Cambridge University Press, 1998.

MORRISON, GEORGE S. *Early Childhood Education Today.* Prentice-Hall, 1998.

NATHAN, JOE. *Charter Schools: Creating Hope and Opportunity for American Education.* Jossey-Bass Publishers, 1996.

PAPERT, SEYMOUR. *Mindstorms, Children, Computers, and Powerful Ideas.* Basic Books, 1993.

PERRONE, VITO. *101 Educational Conversations with Your Kindergartener-First Grader.* Chelsea House Publishers, 1993.

PIAGET, JEAN. *The Origins of Intelligence in Children.* International Universities Press, 1952.

POSTMAN, NEIL. *The End of Education: Redefining the Value of School.* Vintage Books, 1996.

ROSENBERG, MICHAEL, LAWRENCE O´SHEA Y DOROTHY O´SHEA. *Student Teacher to Master Teacher: A Practical Guide for Educating Students with Special Needs.* Prentice Hall, 1997.

SALK, LEE. *Familyhood: Nurturing the Values That Matter.* Simon & Schuster, 1992.

SHALWAY, LINDA. *Learning to Teach... Not Just for Beginners: The Essential Guide for All Teacher.* Scholastic Professional Books, 1998.

SINGER, JEROME Y DOROTHY G. SINGER. *The House of Make-Believe: Children´s Play and the Developing Imagination.* Harvard University Press, 1992.

TAPSCOTT, DON. *Growing Up Digital: The Rise of the Net Generation*, McGraw-Hill, 1998.

TRELEASE, JIM. *The New Read-Aloud Handbook.* Penguin Books, 1989.

UNGER, HARLOW W. *How to Pick a Perfect Private School.* Checkmark Books, 1999.

WOOD, GEORGE. *A Time to Learn.* Penguin, 1999.

SCHOOLS THAT WORK: *America´s Most Innovative Public Education Programs.* Dutton, 1993.

ZIGLER, EDWARD Y MATIA FINN-STEVENSON. *Schools of the 21st Century: Linking Child Care and Education.* Westview Press, 1999.

ZIGLER, EDWARD Y SUSAN MUENCHOW. *Head Start: The Inside Story of America´s Most Successful Educational Experiment.* Basic Books, 1994.

Organizaciones

AAHPERD, la *American Alliance of Health, Physical Education, Recreation, and Dance*, engloba también al *Council on Physical Education for Children*, es la mayor organización de profesionales que apoyan y asisten a todos aquellos dedicados a la educación física, el tiempo libre, la forma física, la danza, la promoción de la salud y la educación.

1900 Association Drive
Reston, Virginia, 20191
Teléfono: (800) 213-7193; (703) 476-3400
Sitio Web: www.aahperd.org

Core Knowledge Foundation, fundada por E.D. Hirsch Jr., proporciona un modelo de educación en el que todos los alumnos siguen unas líneas directrices específicas en historia, geografía, matemáticas, ciencias, lengua y artes plásticas, de manera que desarrollan un programa de estudios común.

Sitio Web: www.coreknowledge.org
Correo electrónico: coreknow@coreknowledge.org

ERIC, la *Educational Resources Information Center Clearinghouse on Elementary and Early Childhood Education,* es el centro nacional de información fundado por el *U.S. Department of Education* a través de la *Office of Educational Research and Improvement* de dicho organismo. Es una extraordinaria fuente de infromación. Tienen un sitio Web, recursos y una base de datos entre otras cosas. Lilian G. Katz, su directora, es una educadora conocida a nivel nacional y profesora emérita de la Universidad de Illinois en Urbana-Champaign.

ERIC Clearinghouse on Elementary and Early Childhood Education (ERIC/ EECE)

University of Illinois at Urbana-Champaign
Children´s Research Center
51 Gerty Drive
Champaign, IL 61820-7469
Teléfono: (800) 583-4135; (217) 333-1386
Fax: (217) 333-3767
Sitio Web: www.ericeece.org
Correo electrónico: ericeece@uiuc.edu

Growing Without School es el sitio Web de la librería de John Holt que está especializada en herramientas e ideas que ayudan al aprendizaje independiente. Holt, innovador en materia de educación y autor de *How Children Learn, How Children Fail* y *Freedom and Beyond*, entre otros libros, fue un reformador tanto fuera como dentro del mundo de los colegios y un pionero en materia de la educación en casa. Este sitio Web proporciona una gran cantidad de materiales y vínculos a otros sitios dedicados a la educación en casa.

John Holt´s Bookstore
2380 Massachusetts Avenue, Suite 104
Cambridge, MA 02140-1226
Teléfono: (617) 864-3100
Fax: (617) 864-9235
Sitio Web: www.holtgws.com

Kathy Schrock´s Guide for Educators es una lista organizada de sitios Web útil para el enriquecimiento del currículo y el desarrollo personal. Se actualiza a diario para poder incluir los mejores sitios Web sobre educación y aprendizaje.

Sitio Web: www.discoveryschool.com
Correo electrónico: kschrock@capecod.net

NAEA, la *National Art Education Association,* promueve el arte a través del desarrollo personal, el servicio, el avance en el conocimiento y el liderazgo.

1916 Association Drive
Reston, VA 20191
Teléfono: (703) 860-2960
Sitio Web : www.naea-reston.org

NAEYC, la *National Association for the Education of Young Children,* es la organización a nivel nacional que aglutina mayor número de profesionales dedicados a la calidad de la educación infantil. La asociación administra un sistema de acreditación de carácter voluntario y nacional de programas de educación

Recursos

infantil de alta calidad y publica un número importante de libros, folletos, vídeos y posters para padres y profesionales. Si deseas recibir el catálogo «*A Good Kindergarten for Your Child*», envía un sobre franqueado con tu dirección a NAEYC.

1509 16th Street NW (Box 524)
Washington, DC 20036
Teléfono: (800) 424-2460; (202) 232-8777
Sitio Web: www.naeuc.org

NAIS, la *National Association of Independent Schools,* representa más de 1.100 colegios independientes, mantiene una base de datos de los colegios independientes en la que están incluidos detalles de admisión, ayuda financiera y talleres para profesores y administradores

1620 L Street NW
Washington, DC 20036-6505
Teléfono: (202) 973-9700
Fax: (202) 973-9790
Sitio Web: www.nais.org

NCBE, la *National Clearinghouse for Bilingual Education,* fue fundada por la *Office of Bilingual Education and Minority Languages Affairs del U.S. Department of Education* para recoger, analizar e informar todo tipo de información relativa a la educación eficaz de estudiantes diversos lingüística y culturalmente en Estados Unidos. NCBE está dirigida desde el *George Washington University Center for the Study of Language and Education.*

2011 Eye Street NW, Suite 200
Washington, DC 20006
Teléfono: (800) 531-9347; (202) 467-0867
Sitio Web: www.ncbe.gwu.edu
Correo electrónico: askncbe@ncbe.gwu.edu

NCSS, la *National Council for the Social Studies,* contribuyó con una versión abreviada de su declaración de principios, «Social Studies for Early Childhood and Elementary School Children: Preparing for the 21st Century». El texto íntegro de este documento se puede encontrar en el sitio Web de la NCSS: www.socialstudies.org bajo el título *Standards and Position Statements.*

3501 Newark Street NW
Washington, DC 20016
Teléfono: (202) 966-7840

NCTM, el *National Council of Teachers of Mathematics,* se dedica a promover la enseñanza y el aprendizaje de las matemáticas desde preescolar hasta el instituto.

1906 Association Drive
Reston, VA 20191
Teléfono: (703) 602-9840
Fax: (703) 476-2970
Sitio Web: www.nctm.org
Correo electrónico: nctm@nctm.org

NEA, la *National Education Association,* es la mayor y más antigua organización comprometida con el progreso de la educación pública.

1201 16th Street NW
Washington, DC 20036
Teléfono: (202) 833-4000
Sitio Web: www.nea.org

NECTAS, la *National Early Childhood Technical Assistance System* del programa *National Early Childhood Technical Assistance* de la Universidad de North Carolina se encarga de orientar a padres de niños discapacitados hacia programas recogidos en la *Individuals with Disabilities Act.*

137 East Franklin Street, Suite 500
Chapel Hill, NC 27514
Teléfono: (919) 962-2001
TDD: (877) 574-3194
Fax: (919) 966-7463

Sitio Web: www.nectas.unc.edu
Correo electrónico: nectas@unc.edu

NICHCY, el *National Information Center for Children and Youth with Disabilities,* es un servicio del *U.S. Department of Education.* Su sitio Web informa sobre todo tipo de recursos, organizaciones y programas de ayuda a familias con niños que tienen algún tipo de dificultad de aprendizaje.

NPIN, el *National Parent Information Network,* es un proyecto del sistema ERIC. Proporciona artículos sobre una gran variedad de asignaturas a través de su Biblioteca Virtual, aunque se puede trabajar con búsquedas individuales (sitio Web: http://npin.org).

NRCG/T, el *National Center on the Gifted and Talented,* cuyo director es el Dr. Joseph S. Renzulli, planifica y lleva a cabo estudios sobre niños superdotados. Hace especial hincapié en identificar las necesidades de investigación de niños en situaciones económicas desfavorecidas, con escaso dominio del inglés, con discapacidades y otros grupos de población que tradicionalmente han sido desatendidos en este tipo de programas para superdotados.

University of Conneticut
2131 Hillside Road, U-7
Storrs, CT 06269-3007
Teléfono: (809) 486-2900
Sitio Web: www.ucc.uconn.edu
Correo electrónico: epsadmo6@uconnvm.uconn.edu

Algunos recursos en español

BERK, LAURA E. *Psicología del niño y del adolescente.* Madrid: Prentice Hall, 1999.

COLL SALVADOR, C. *El currículo en la escuela infantil.* Madrid: Ed. Santillana, 1989.

CONDE MARTÍ, M. Y OTROS. *El espacio, los materiales y el tiempo en Educación Infantil.* Madrid: M.E.C. Colección Documentos y Propuestas de Trabajo. Dirección General de Renovación Pedagógica, 1989.

GESSELL, A., BATESAME, L. Y OTROS. *El niño de uno a cinco años.* Barcelona: Paidós-Psicología Evolutiva, 1989.

GROS SALVAT, B. *Aprender mediante el ordenador.* P. P. U. Barcelona, 1987.

La Caja Roja de la Educación Infantil editada por el Ministerio de Educación y Ciencia español se divide en nueve libros breves dedicados a los siguientes temas:

- Guía general.

- Currículo de la etapa.

- Orientaciones didácticas.

- Proyecto curricular.

- Temas transversales.

- Individualización de la enseñanza.

- Colaboración de los padres.

- Educación en el medio rural.

- Guía documental y de recursos.

PAPALIA, DIANA E. Y RALLY WENDKOS OLDS. *Psicología del desarrollo. De la infancia a la adolescencia.* 5ª ed. México: McGraw Hill, 1994.

SÁNCHEZ CEREZO, SERGIO. *Enciclopedia de la Educación Preescolar.* Madrid: Diagonal/Santillana, 1986.

En la Web

Atienza Díaz, Joaquín y Blánquez Rodríguez, María del Pilar. *Revista de Psicología y Psiquiatría Infantil:*
http://www.paidopsiquiatria.com/rev

Centro Nacional de Información y Comunicación Educativa. Incluye enlaces a información general, cuentos y revistas, materiales didácticos y portales educativos:

http://www.cnice.mecd.es/enlaces/infantil.htm.

Cuadernos de Pedagogía. Revista electrónica con temas que abarcan desde la educación infantil a la ESO pasando por la Primaria:

http://www.cuadernosdepedagogia.com

Estimulación Temprana y Educación en Casa:
http://www.innvista.com/eduhogar/default.htm

«Información al Ciudadano» del Ministerio de Educación y Ciencia sobre Educación Infantil y Primaria.
http://www.mec.es/inf/comoinfo/infantil.htm

Sitio Web de la Confederación Española de Padres y Madres de Alumnos:
www.ceapa.es

Sitio Web con listado de asociaciones relacionadas con el mundo de la discapacidad:
www2.kpnqwest.es/InterStand/discapacidad/asociaci.htm

Educaterra, portal educativo con información específica para profesores y educadores de educación infantil:
http://www.educaterra.com/mundoescuela/home_2__esp_2__.html

No dejes que los problemas te quiten el sueño...
Aún hay más títulos de la colección por descubrir

Los niños y el dinero. Educar a los hijos en la responsabilidad.

Desde este libro se aborda el porqué de la importancia de inculcar en la familia una relación sana con el dinero, evitando así que la riqueza malcríe a los hijos, educándolos equilibrados y seguros tanto en el terreno emocional como en el económico.

GALLO/GALLO. ISBN: 84-481-3740-X

La rebelión de los adolescentes.

A través del contrato de conducta, la doctora Paula Stone Bender propone un método basado en ofrecer a tu hijo incentivos positivos, mediante el cumplimiento de normas, que le enseñarán valiosas lecciones de responsabilidad personal. Con la ayuda de este libro tu hijo no conseguirá volverte loco.

STONE. ISBN: 84-481-3737-X

Familias de hoy. Modelos no tradicionales.

La vida familiar experimenta cambios constantes: padres divorciados, parejas del mismo sexo, matrimonios que cuidan de sus hijos y de sus padres. Aquí encontrarás soluciones prácticas para afrontar las dificultades de las nuevas familias y las posibilidades de éxito de las mismas.

CHEDEKEL/O'CONNELL.
ISBN: 84-481-3739-6

Los hijos y el divorcio. 50 formas de ayudarles a superarlo.

Escrito por dos prestigiosos psicólogos, el libro está lleno de métodos prácticos, eficaces y de gran utilidad para ayudar a tu hijo a acostumbrarse y a hacer frente al mayor cambio de su vida, minimizando los efectos negativos del divorcio y haciéndolo menos doloroso para él.

LONG/FOREHAND. ISBN: 84-481-3736-1

Guía de la salud infantil para padres. Desde el embarazo hasta los 5 años.

Una completa guía que, a diferencia de cualquier libro de bebés que hayas leído antes, evita el lenguaje excesivamente técnico. Es fácil de entender y contiene las últimas investigaciones acerca de la salud y el desarrollo del niño.

DOWSHEN. ISBN: 84-481-3742-6

actúa

Pero las soluciones no acaban aquí... entra en nuestra web
y descubre cómo Actúa puede ayudaros a ti y a los tuyos

www.actualibros.com

McGraw-Hill/Interamericana de España, S. A. U.
División Profesional
C/ Basauri, 17 - 28023 Aravaca. Madrid
Avda. Josep Tarradellas, 27-29 - 08029 Barcelona
España

☐ **Por favor, envíenme el catálogo de productos de McGraw-Hill**

☐ Informática   ☐   Economía/Empresa   ☐   Ciencia/Tecnología   ☐   Español   ☐   Inglés   ☐   Actúa

Nombre y apellidos _____

c/ _____ n.º _____ C.P. _____

Población_____ Provincia _____ País _____

CIF/NIF _____ Teléfono _____

Empresa _____ Departamento _____

Nombre y apellidos _____

c/ _____ n.º _____ C.P. _____

Población_____ Provincia _____ País _____

Correo   electrónico _____ Teléfono _____ Fax _____

McGraw-Hill quiere conocer su opinión

5 FORMAS RÁPIDAS Y FÁCILES DE SOLICITAR SU CATÁLOGO

EN LIBRERÍAS ESPECIALIZADAS

FAX
(91) 372 85 13
(93) 430 34 09

TELÉFONOS
(91) 372 81 93
(93) 439 39 05

E-MAIL
rofesional@mcgraw-hill.es

WWW
www.mcgraw-hill.es

¿Por qué elegí este libro?

☐ Renombre del autor

☐ Renombre McGraw-Hill

☐ Reseña de prensa

☐ Catálogo McGraw-Hill

☐ Página Web de McGraw-Hill

☐ Otros sitios Web

☐ Buscando en librería

☐ Requerido como texto

☐ Precio

☐ Otros

Temas que quisiera ver tratados en futuros libros de McGraw-Hill:

_____
_____
_____
_____
_____
_____
_____
_____

Este libro me ha parecido:

☐ Excelente   ☐ Muy bueno   ☐ Bueno   ☐ Regular   ☐ Malo

Comentarios: _____